Globalização:
As consequências humanas

Obras de Zygmunt Bauman:

- 44 cartas do mundo líquido moderno
- Amor líquido
- Aprendendo a pensar com a sociologia
- A arte da vida
- Babel
- Bauman sobre Bauman
- Capitalismo parasitário
- Cegueira moral
- Comunidade
- Confiança e medo na cidade
- A cultura no mundo líquido moderno
- Danos colaterais
- O elogio da literatura
- Em busca da política
- Ensaios sobre o conceito de cultura
- Estado de crise
- Estranho familiar
- Estranhos à nossa porta
- A ética é possível num mundo de consumidores?
- Europa
- Globalização: as consequências humanas
- Identidade
- A individualidade numa época de incertezas
- Isto não é um diário
- Legisladores e intérpretes
- Mal líquido
- O mal-estar da pós-modernidade
- Medo líquido
- Modernidade e ambivalência
- Modernidade e Holocausto
- Modernidade líquida
- Nascidos em tempos líquidos
- Para que serve a sociologia?
- O retorno do pêndulo
- Retrotopia
- A riqueza de poucos beneficia todos nós?
- Sobre educação e juventude
- A sociedade individualizada
- Tempos líquidos
- Vida a crédito
- Vida em fragmentos
- Vida líquida
- Vida para consumo
- Vidas desperdiçadas
- Vigilância líquida

Zygmunt Bauman

# Globalização:
## As consequências humanas

*Tradução*:
Marcus Penchel

Copyright © 1998 by Zygmunt Bauman

Tradução autorizada da primeira edição inglesa publicada em 1998 por Polity Press, em associação com Blackwell Publishers, de Cambridge/Oxford, Inglaterra

*Grafia atualizada segundo o Acordo Ortográfico da Língua Portuguesa de 1990, que entrou em vigor no Brasil em 2009.*

*Título original*
Globalization: The Human Consequences

*Capa e imagem*
Bruno Oliveira

Dados Internacionais de Catalogação na Publicação (CIP)
(Câmara Brasileira do Livro, SP, Brasil)

Bauman, Zygmunt, 1925-2017
 Globalização : as consequências humanas / Zygmunt Bauman ; tradução Marcus Penchel. — 1ª ed. — Rio de Janeiro : Zahar, 2021.

 Título original: Globalization : The Human Consequences.
 ISBN 978-85-378-1924-1

 1. Ciências sociais 2. Filosofia 3. Globalização 4. Mobilidade social 5. Pós-modernismo 6. Relações econômicas internacionais I. Título.

21-60237                                          CDD: 303.482

Índice para catálogo sistemático:
1. Globalização : Aspectos sociais : Sociologia 303.482

Aline Graziele Benitez — Bibliotecária — CRB-1/3129

[2021]
Todos os direitos desta edição reservados à
EDITORA SCHWARCZ S.A.
Praça Floriano, 19, sala 3001 — Cinelândia
20031-050 — Rio de Janeiro — RJ
Telefone: (21) 3993-7510
www.companhiadasletras.com.br
www.blogdacompanhia.com.br
facebook.com/editorazahar
instagram.com/editorazahar
twitter.com/editorazahar

# Sumário

Introdução    7

*1* • Tempo e classe    13
Proprietários ausentes, marco II • Liberdade de movimento e autoconstituição das sociedades • Nova velocidade, nova polarização

*2* • Guerras espaciais: informe de carreira    34
A batalha dos mapas • Do mapeamento do espaço à espacialização dos mapas • Agorafobia e o renascimento da localidade • Existe vida depois do Panóptico?

*3* • Depois da Nação-estado, o quê?    63
Universalizando... ou sendo globalizado? • A nova expropriação: dessa vez, do Estado • A hierarquia global da mobilidade

*4* • Turistas e vagabundos    85
Ser consumidor numa sociedade de consumo • Movemo-nos divididos • Movendo-se no mundo x o mundo que se move • Unidos, para o melhor ou para o pior

*5* • Lei global, ordens locais    111
Fábricas de imobilidade • Prisões na idade da pós-correção • Segurança: meio palpável, fim ilusório • O fora de ordem

Notas    137

Índice remissivo    143

# Introdução

A "globalização" está na ordem do dia; uma palavra da moda que se transforma rapidamente em um lema, uma encantação mágica, uma senha capaz de abrir as portas de todos os mistérios presentes e futuros. Para alguns, "globalização" é o que devemos fazer se quisermos ser felizes; para outros, é a causa da nossa infelicidade. Para todos, porém, "globalização" é o destino irremediável do mundo, um processo irreversível; é também um processo que nos afeta a todos na mesma medida e da mesma maneira. Estamos todos sendo "globalizados" — e isso significa basicamente o mesmo para todos.

Todas as palavras da moda tendem a um mesmo destino: quanto mais experiências pretendem explicar, mais opacas se tornam. Quanto mais numerosas as verdades ortodoxas que desalojam e superam, mais rápido se tornam cânones inquestionáveis. As práticas humanas que o conceito tentou originalmente captar saem do alcance da vista e são agora os "fatos materiais", a qualidade do "mundo lá fora" que o termo parece "esclarecer" e que ele invoca para reivindicar sua própria imunidade ao questionamento. A "globalização" não é exceção à regra.

Este livro é uma tentativa de mostrar que no fenômeno da globalização há mais coisas do que pode o olho apreender; revelando as raízes e consequências sociais do processo globalizador, ele tentará dissipar um pouco da névoa que cerca esse termo que pretende trazer clareza à condição humana atual.

A expressão "compressão tempo/espaço" encerra a multifacetada transformação em curso dos parâmetros da condição humana. Assim que examinarmos as causas e consequências sociais dessa compressão, ficará evidente que os processos globalizadores não têm a unidade de efeitos que se supõe comumente. Os usos do tempo e do espaço são acentuadamente diferenciados e diferenciadores. A globalização tanto divide como une; divide enquanto une — e as causas da divisão são idênticas às que promovem a uniformidade do globo. Junto com as dimensões planetárias dos negócios, das finanças, do comércio e do fluxo de informação, é colocado em movimento um processo "localizador", de fixação no espaço. Conjuntamente, os dois processos intimamente relacionados diferenciam nitidamente as condições existencias de populações inteiras e de vários segmentos de cada população. O que para alguns parece globalização, para outros significa localização; o que para alguns é sinalização de liberdade, para muitos outros é um destino indesejado e cruel. A mobilidade galga ao mais alto nível dentre os valores cobiçados — e a liberdade de movimentos, uma mercadoria sempre escassa e distribuída de forma desigual, logo se torna o principal fator estratificador de nossos tardios tempos modernos ou pós-modernos.

Todos nós estamos, a contragosto, por desígnio ou à revelia, em movimento. Estamos em movimento mesmo que fisicamente estejamos imóveis: a imobilidade não é uma opção realista num mundo em permanente mudança. E no entanto os efeitos dessa nova condição são radicalmente desiguais. Alguns de nós tornam-se plena e verdadeiramente "globais"; alguns se fixam na sua "localidade" — transe que não é nem agradável nem suportável num mundo em que os "globais" dão o tom e fazem as regras do jogo da vida.

Ser local num mundo globalizado é sinal de privação e degradação social. Os desconfortos da existência localizada compõem-se do fato de que, com os espaços públicos removidos para além do alcance da vida localizada, as localidades estão perdendo a capacidade de gerar e negociar sentidos e se tornam cada vez mais dependentes de ações que dão e interpretam sentidos, ações que elas não controlam — chega dos sonhos e consolos comunitaristas dos intelectuais globalizados.

Uma parte integrante dos processos de globalização é a progressiva segregação espacial, a progressiva separação e exclusão. As tendências neotribais e fundamentalistas, que refletem e formulam a experiência das pessoas na ponta receptora da globalização, são fruto tão legítimo da globalização quanto a "hibridização" amplamente aclamada da alta cultura — a alta cultura globalizada. Uma causa específica de preocupação é a progressiva ruptura de comunicação entre as elites extraterritoriais cada vez mais globais e o restante da população, cada vez mais "localizada". Os centros de produção de significado e valor são hoje extraterritoriais e emancipados de restrições locais — o que não se aplica, porém, à condição humana, à qual esses valores e significados devem informar e dar sentido.

Com a liberdade de movimento no centro, a atual polarização tem muitas dimensões; o novo centro dá um novo verniz às distinções tradicionais entre ricos e pobres, nômades e sedentários, "normais" e anormais ou à margem da lei. Exatamente como essas várias dimensões da polaridade se entrelaçam e influenciam mutuamente é outro problema complexo que este livro tenta desvendar.

O primeiro capítulo considera a ligação entre a natureza historicamente mutável do tempo e do espaço e o padrão e a escala de organização social — e particularmente os efeitos da atual compressão tempo/espaço na estruturação das sociedades e comunidades planetárias e territoriais. Um dos efeitos examinados é a nova versão de "proprietário ausente" — a independência recém-adquirida das elites globais face às unidades territorialmente confinadas de poder político e cultural e a consequente perda de poder dessas unidades. O impacto da separação entre os dois cenários nos quais se localizam respectivamente as partes de "cima" e de "baixo" da nova hierarquia é remontado à organização mutável do espaço e ao significado mutável de "vizinhança" na metrópole contemporânea.

Os estágios sucessivos das guerras modernas pelo direito de definir e impor o significado do espaço comum constituem o tema do segundo capítulo. As aventuras pregressas de planejamento urbano total, assim como as tendências contemporâneas à fragmentação do plano e à construção da exclusão, são analisadas à luz disso. Finalmente são examinados o destino histórico do Panóptico como antigo modelo moderno favorito de controle social e, particularmente, sua atual irrelevância e morte gradativa.

O terceiro capítulo trata das perspectivas da soberania política — e particularmente da autoconstituição e autogoverno de comunidades nacionais e, de modo mais geral, territoriais sob as condições da economia, finanças e informação globalizadas. No centro da atenção, a crescente discrepância de escala entre o reino da tomada de decisões institucionalizada e o universo no qual os recursos necessários para as decisões e sua aplicação são produzidos, distribuídos, apropriados e utilizados; em particular, os efeitos demolidores da globalização sobre a capacidade decisória dos governos estatais — esses grandes centros ainda não substituídos de efetivo controle social na maior parte da história moderna.

O quarto capítulo avalia as consequências culturais das transformações acima mencionadas. Postula-se que o seu efeito geral é a bifurcação e polarização da experiência humana, com símbolos culturais comuns servindo a duas interpretações acentuadamente distintas. "Estar em movimento" tem um sentido radicalmente diferente, oposto, para os que estão no alto e os que estão embaixo na nova hierarquia, com o grosso da população — a "nova classe média" que oscila entre os dois extremos — suportando o impacto dessa oposição e sofrendo em consequência uma aguda incerteza existencial, ansiedade e medo. Argumentamos que a necessidade de mitigar esses medos e neutralizar o potencial descontentamento que carregam é, por sua vez, um poderoso fator para o aumento da polarização dos dois significados de mobilidade.

O último capítulo explora as expressões extremas dessa polarização: a tendência atual de criminalizar casos que não se ade-

Introdução 11

quam à norma idealizada e o papel desempenhado pela criminalização para compensar os desconfortos da "vida em movimento" tornando ainda mais odiosa e repulsiva a imagem da realidade da vida alternativa, a vida da imobilidade. A complexa questão da insegurança existencial colocada pelo processo de globalização tende a se reduzir à questão aparentemente direta da "lei e da ordem". Nesse processo, as preocupações com a "segurança", o mais das vezes reduzidas à preocupação única com a segurança do corpo e dos bens pessoais, são "sobrecarregadas" de ansiedades geradas por outras dimensões cruciais da existência atual — a insegurança e a incerteza.

As teses do livro não equivalem a uma declaração política. A intenção do autor foi produzir um texto para discussão. Faz muito mais perguntas do que dá respostas e não chega a nenhuma previsão das consequências futuras das tendências atuais. E no entanto — como colocou Cornelius Castoriadis — o problema da condição contemporânea de nossa civilização moderna é que ela parou de questionar-se. Não formular certas questões é extremamente perigoso, mais do que deixar de responder às questões que já figuram na agenda oficial; ao passo que responder o tipo errado de questões com frequência ajuda a desviar os olhos das questões realmente importantes. O preço do silêncio é pago na dura moeda corrente do sofrimento humano. Fazer as perguntas certas constitui, afinal, toda a diferença entre sina e destino, entre andar à deriva e viajar. Questionar as premissas supostamente inquestionáveis do nosso modo de vida é provavelmente o serviço mais urgente que devemos prestar aos nossos companheiros humanos e a nós mesmos. Este livro é, antes e acima de tudo, um exercício de formulação de questões e de estímulo ao questionamento — sem a pretensão de estar formulando as questões certas, todas as questões certas e, o mais importante, de estar levantando todas as questões já formuladas.

# 1
# Tempo e classe

"A companhia pertence às pessoas que nela investem — não aos seus empregados, fornecedores ou à localidade em que se situa."[1] Foi assim que Albert J. Dunlap, o célebre "racionalizador" da empresa moderna (um *dépeceur* — um "açougueiro", um "esquartejador" — na maliciosa mas precisa definição do sociólogo Denis Duclos, do Centro Nacional de Pesquisas Sociais da França)[2] resumiu seu credo no autocongratulante relato de suas atividades que a Times Books publicou para esclarecimento e edificação de todos os que buscam o progresso econômico.

O que Dunlap tinha em mente não era, naturalmente, a simples questão de "pertencer" como sendo apenas mais um nome para a questão puramente legal da propriedade, dificilmente contestada e menos ainda necessitada de reafirmação — quanto mais de uma reafirmação tão enfática. O que ele tinha em mente era, sobretudo, o que o resto da frase implicava: que os empregados, os fornecedores e os porta-vozes da comunidade não têm voz nas decisões que os investidores podem tomar; e que os verdadeiros tomadores de decisão, as "pessoas que investem", têm o direito de descartar, de declarar irrelevante e inválido qualquer postulado que os demais possam fazer sobre a maneira como elas dirigem a companhia.

Assinalemos que a mensagem de Dunlap não é uma declaração de intenções, mas uma afirmação de fato. Dunlap tem como certo que o princípio aí formulado passou por todos os testes que a realidade econômica, política, social ou qualquer outra do nosso tempo estabeleceu ou considera adequados para examinar sua viabilidade. A essa altura tal princípio faz parte da família de verdades autoevidentes que servem para explicar o mundo, sem precisarem elas mesmas de explicação; que ajudam a afirmar coisas sobre o mundo sem serem mais vistas elas mesmas como afirmações, quanto mais objetos de discussão e argumentação.

Houve época (pode-se dizer "não muito tempo atrás", se não fosse pelo alcance cada vez mais reduzido da atenção coletiva, que torna mesmo uma semana não apenas um longo período de tempo em política como um período excessivamente longo na vida da memória humana) em que a proclamação de Dunlap não pareceria de forma alguma óbvia, quando teria soado mais como um grito de guerra ou um informe de batalha. Nos primeiros anos da guerra de aniquilação movida por Margaret Thatcher contra o autogoverno local, um empresário atrás do outro sentiu necessidade de subir às tribunas da Conferência Anual do Partido Conservador para martelar repetidas vezes uma mensagem que talvez achassem necessário martelar porque soava estranha e bizarra para ouvidos ainda não sintonizados: a mensagem de que as companhias pagariam alegremente os impostos locais para financiar a construção de estradas ou os reparos na rede de esgotos de que necessitavam, mas que não viam razão de pagar pela manutenção dos desempregados, inválidos e outros refugos humanos locais, por cuja sina não se sentiam responsáveis nem assumiam qualquer obrigação. Mas aqueles eram os anos iniciais da guerra que foi ganha só um quarto de século depois, à época em que Dunlap ditou o seu credo, que com razão podia esperar o apoio de todo ouvinte.

Não há muito por que debater se essa guerra foi tramada maldosa e sub-repticiamente nas desenfumaçadas salas de reuniões das empresas ou se a necessidade da ação bélica afligiu insuspeitos líderes pacifistas da indústria com mudanças produzidas por uma mescla de forças misteriosas da nova tecnologia e da nova competitividade global; se foi uma guerra planejada de antemão, pontualmente declarada e com seus alvos claramente definidos, ou se não passou de uma série de ações bélicas esparsas e no geral imprevistas, cada uma gerada por causas próprias. Seja qual for o caso (há bons argumentos para cada lado, mas pode muito bem ser que os dois relatos apenas pareçam competir um com o outro), é bem provável que o último quarto deste século passe à história como o da Grande Guerra de Independência em relação ao Espaço. O que aconteceu no curso dessa guerra foi um consistente e inexorável deslocamento dos centros de decisões, junto com os cálculos que baseiam as decisões tomadas por esses centros, livres de restrições territoriais — as restrições da localidade.

Examinemos mais de perto o princípio de Dunlap. Os empregados são recrutados na população local e — sobrecarregados como devem ser por deveres de família, propriedade doméstica e coisas do tipo — não poderiam facilmente seguir a companhia quando ela se muda para outro lugar. Os fornecedores têm que entregar os suprimentos e os custos do transporte local dá aos fornecedores locais uma vantagem que desaparece assim que a companhia se muda. Quanto à própria "localidade", ficará obviamente onde está, dificilmente pode mudar de lugar, seja qual for o novo endereço da companhia. Entre todos os candidatos nomeados que têm voz na direção de uma companhia, apenas as "pessoas que investem" — os acionistas — não estão de forma alguma presas no espaço; elas podem comprar qualquer participação em qualquer bolsa de valores e através de qualquer corretor, e a proximidade ou distância geográfica da companhia será com toda a probabilidade a consideração menos importante na sua decisão de comprar ou vender.

Em princípio não há nada determinado em termos de espaço na dispersão dos acionistas. Eles são o único fator autenticamente livre da determinação espacial. E é a eles e apenas a eles que "pertence" a companhia. Cabe a eles portanto mover a companhia para onde quer que percebam ou prevejam uma chance de dividendos mais elevados, deixando a todos os demais — presos como são à localidade — a tarefa de lamber as feridas, de consertar o dano e se livrar do lixo. A companhia é livre para se mudar, mas as consequências da mudança estão fadadas a permanecer. Quem for livre para fugir da localidade é livre para escapar das consequências. Esses são os espólios mais importantes da vitoriosa guerra espacial.

## Proprietários ausentes, marco II

No mundo do pós-guerra espacial, a mobilidade tornou-se o fator de estratificação mais poderoso e mais cobiçado, a matéria de que são feitas e refeitas diariamente as novas hierarquias sociais, políticas, econômicas e culturais em escala cada vez mais mundial. E para aqueles no topo da nova hierarquia, a liberdade de movimento traz vantagens muito além daquelas resumidas na fórmula de Dunlap. Essa fórmula considera, promove ou rebaixa apenas aqueles competidores que se possam fazer ouvir — aqueles que podem exprimir suas queixas e provavelmente o farão, transformando-as em reivindicações. Mas há outras conexões, também localmente limitadas, interrompidas e deixadas para trás, sobre as quais a fórmula de Dunlap mantém silêncio porque é improvável que se façam ouvir.

A mobilidade adquirida por "pessoas que investem" — aquelas com capital, com o dinheiro necessário para investir — significa uma nova desconexão do poder face a obrigações, com efeito uma desconexão sem precedentes na sua radical incondicionalidade: obrigações com os empregados, mas também com os jovens e fracos, com as gerações futuras e com a autorreprodução das condições gerais de vida; em suma, liberdade face ao dever de contribuir para a vida cotidiana e a perpetuação da comunidade. Surge uma nova assimetria entre a natureza extraterritorial do poder e a contínua territorialidade da "vida como um todo" — assimetria que o poder agora desarraigado, capaz de se mudar de repente ou sem aviso, é livre para explorar e abandonar às consequências dessa exploração. Livrar-se da responsabilidade pelas consequências é o ganho mais cobiçado e ansiado que a nova mobilidade propicia ao capital sem amarras locais, que flutua livremente. Os custos de se arcar com as consequências não precisam agora ser contabilizados no cálculo da "eficácia" do investimento.

A nova liberdade do capital é reminiscente da liberdade que tinham outrora os proprietários ausentes, notórios por sua negligência, muito sentida, face às necessidades das populações que os alimentavam. Extrair o "produto excedente" era o único interesse que os proprietários ausentes tinham na vida da terra que possuíam. Há com certeza alguma similaridade aqui — mas a comparação não faz inteira justiça à liberdade de preocupações e responsabilidade adquirida pelo capital móvel do final do século XX mas que os proprietários ausentes nunca puderam ter.

Estes não podiam trocar uma propriedade fundiária por outra e assim permaneciam — ainda que ligeiramente — presos à localidade da qual extraíam seu meio de vida; tal circunstância estabelecia um limite prático para a possibilidade teórica e legalmente irrestrita de exploração, de modo que o futuro fluxo de renda não minguasse ou secasse completamente. Certo, os limites reais eram em geral mais severos do que os limites percebidos, e estes, por sua vez, com demasiada frequência, mais severos do que aqueles observados na prática — circunstância que tornava a propriedade fundiária com ausência do dono propensa a infligir danos irreparáveis à fertilidade do solo e à produtividade agrícola em geral, o que também tornava as fortunas dos proprietários ausentes notoriamente precárias, com tendência a diminuir ao longo das gerações. E no entanto havia autênticos limites, que lembravam a sua presença de forma tanto mais cruel por passarem despercebidos e não serem respeitados. E um limite, como diz Alberto Melucci, "representa confinamento, fronteira, separação; por isso também significa reconhecimento do outro, do diferente, do irredutível. O encontro da alteridade é uma experiência que nos coloca em teste: dele nasce a tentação de reduzir a diferença à força, podendo também gerar o desafio da comunicação como um empenho constantemente renovado."[3]

Em contraste com os ausentes proprietários fundiários do início dos tempos modernos, os capitalistas e corretores imobiliários da era moderna recente, graças à mobilidade dos seus recursos agora líquidos, não enfrentam limites reais o bastante — sólidos, firmes, resistentes — que obriguem ao respeito. Os únicos limites que se poderiam fazer sentir e respeitar seriam aqueles impostos administrativamente sobre o livre movimento do capital e do dinheiro. Tais limites são, no entanto, poucos e distantes uns dos outros — e o punhado remanescente encontra-se sob tremenda pressão para ser apagado ou simplesmente eliminado. Na sua ausência haveria poucas ocasiões para o "encontro com a alteridade" de que fala Melucci. Se acontecesse de o encontro ser forçado pelo outro lado, no momento em que a "alteridade" tentasse flexionar os músculos e fazer sentir a sua força, o capital teria pouca dificuldade em desmontar as suas tendas e encontrar um ambiente mais hospitaleiro, isto é, não resistente, maleável, suave. Haveria portanto menos ocasiões capazes de instigar tentativas de "reduzir a diferença pela força" ou a vontade de aceitar "o desafio da comunicação".

Ambas as atitudes implicariam o reconhecimento de que a alteridade é irredutível, mas, para ser vista como tal, a "alteridade" deve primeiro constituir-se numa entidade resistente, inflexível, literalmente "aderente". Suas chances nesse sentido, porém, estão encolhendo rapidamente. Para adquirir uma capacidade autenticamente constituinte de entidade, a resistência precisa de um atacante persistente e efetivo — mas o efeito geral da nova mobilidade é que quase nunca surge para o capital e as finanças a necessidade de dobrar o inflexível, de afastar os obstáculos, de superar ou aliviar a resistência; e, quando surge, pode muito bem ser descartada em favor de uma opção mais suave. O capital pode sempre se mudar para locais mais pacíficos se o compromisso com a "alteridade" exigir uma aplicação dispendiosa da força ou negociações cansativas. Não há necessidade de se comprometer se basta evitar.

## Liberdade de movimento e autoconstituição das sociedades

Fazendo uma retrospectiva histórica, podemos nos perguntar em que medida os fatores geográficos, as fronteiras naturais e artificiais dos territórios, as distintas identidades das populações e *Kulturkreise* [círculos culturais], assim como a distinção entre "dentro" e "fora" — tudo tradicionalmente objeto da ciência geográfica — foram no essencial meros derivativos conceituais, sedimentos/artifícios materiais de "limites de velocidade" ou, de forma mais geral, das restrições de tempo e custo impostas à liberdade de movimento.

Paul Virilio disse recentemente que, se parece bastante prematura a declaração de Francis Fukuyama sobre o "fim da história", pode-se cada vez com mais confiança falar atualmente do "fim da geografia".[4] As distâncias já não importam, ao passo que a ideia de uma fronteira geográfica é cada vez mais difícil de sustentar no "mundo real". Parece claro de repente que as divisões dos continentes e do globo como um todo foram função das distâncias, outrora impositivamente reais devido aos transportes primitivos e às dificuldades de viagem.

Com efeito, longe de ser um "dado" objetivo, impessoal, físico, a "distância" é um produto social; sua extensão varia dependendo da velocidade com a qual pode ser vencida (e, numa economia monetária, do custo envolvido na produção dessa velocidade). Todos os outros fatores socialmente produzidos de constituição, separação e manutenção de identidades coletivas — como fronteiras estatais ou barreiras culturais — parecem, em retrospectiva, meros efeitos secundários dessa velocidade.

Parece ser essa a razão — assinalemos — pela qual a "realidade das fronteiras" foi como regra, no geral, um fenômeno estratificado de classe: no passado como hoje, as elites dos ricos e poderosos eram sempre de inclinação mais cosmopolita que o resto da população das terras que habitavam; em todas as épocas elas tenderam a criar uma cultura própria que desprezava as mesmas fronteiras que confinavam as classes inferiores; tinham mais em comum com as elites além-fronteiras do que com o resto da população do seu território. Parece ter sido essa também a razão pela qual Bill Clinton, o porta-voz da mais poderosa elite do mundo atual, pôde declarar recentemente que pela primeira vez não há diferença entre a política doméstica e a política externa. Com efeito, pouca coisa na experiência atual de vida da elite implica uma diferença entre "aqui" e "acolá", "dentro" e "fora", "perto" e "longe". Com o tempo de comunicação implodindo e encolhendo para a insignificância do instante, o espaço e os delimitadores de espaço deixam de importar, pelo menos para aqueles cujas ações podem se mover na velocidade da mensagem eletrônica.

A oposição entre "dentro" e "fora", "aqui" e "lá", "perto" e "longe" registrou o grau de domesticação e familiaridade de vários fragmentos (tanto humanos como não humanos) do mundo circundante.

Próximo, acessível é, primariamente, o que é usual, familiar e conhecido até a obviedade, algo ou alguém que se vê, que se encontra, com que se lida ou interage diariamente, entrelaçado à rotina e atividades cotidianas. "Próximo" é um espaço dentro do qual a pessoa pode-se sentir *chez soi*, à vontade, um espaço no qual raramente, se é que alguma vez, a gente se sente perdido, sem saber o que dizer ou fazer. "Longe", por outro lado, é um espaço que se penetra apenas ocasionalmente ou nunca, no qual as coisas que acontecem não podem ser previstas ou compreendidas e diante das quais não se saberia como reagir: um espaço que contém coisas sobre as quais pouco se sabe, das quais pouco se espera e de que não nos sentimos obrigados a cuidar. Encontrar-se num espaço "longínquo" é uma experiência enervante; aventurar-se para "longe" significa estar além do próprio alcance, deslocado, fora do próprio elemento, atraindo problemas e temendo o perigo.

Devido a todos esses aspectos, a oposição "longe-perto" tem mais uma dimensão crucial: aquela entre a certeza e a incerteza, a autoconfiança e a hesitação. Estar "longe" significa estar com problemas — o que exige esperteza, astúcia, manha ou coragem, o aprendizado de regras estranhas que se podem dispensar alhures e o seu domínio sob desafios arriscados e cometendo erros que muitas vezes custam caro. A ideia de "perto", por outro lado, representa o que não é problemático; hábitos adquiridos sem sofrimento darão conta do recado e, uma vez que são hábitos, parecem não pesar, não exigir qualquer esforço, não dar margem à ansiosa hesitação. Seja o que for que se conheça como "comunidade local", foi algo que surgiu dessa oposição entre "aqui" e "acolá", "longe" e "perto".

A história moderna foi marcada pelo progresso constante dos meios de transporte. Os transportes e as viagens foram campos de mudança particularmente rápida e radical; como Schumpeter assinalou há muito tempo, o progresso aí não resultou apenas da multiplicação do número de diligências, mas da invenção e produção em massa de meios de transporte inteiramente novos — trens, automóveis e aviões. Foi antes de mais nada a disponibilidade de meios de viagem rápidos que desencadeou o processo tipicamente moderno de erosão e solapamento das "totalidades" sociais e culturais localmente arraigadas; foi o processo captado pela primeira vez na famosa fórmula de Tönnies sobre a modernidade como a passagem da *Gemeinschaft* [comunidade] para a *Gesellschaft* [associação].

Dentre todos os fatores técnicos da mobilidade, um papel particularmente importante foi desempenhado pelo transporte da informação — o tipo de comunicação que não envolve o movimento de corpos físicos ou só o faz secundária e marginalmente. Desenvolveram-se de forma consistente meios técnicos que também permitiram à informação viajar independente dos seus portadores físicos — e independente também dos objetos sobre os quais informava: meios que libertaram os "significantes" do controle dos "significados". A separação dos movimentos da informação em relação aos movimentos dos seus portadores e objetos permitiu por sua vez a diferenciação de suas velocidades; o movimento da informação ganhava velocidade num ritmo muito mais rápido que a viagem dos corpos ou a mudança da situação sobre a qual se informava. Afinal, o aparecimento da rede mundial de computadores pôs fim — no que diz respeito à informação — à própria noção de "viagem" (e de "distância" a ser percorrida), tornando a informação instantaneamente disponível em todo o planeta, tanto na teoria como na prática.

Os mais recentes desenvolvimentos tiveram imensos resultados gerais. Seu impacto na interação social — associação/dissociação — foi amplamente assinalado e descrito em detalhe. Assim como se nota a "essência do martelo" somente quando ele se quebra, agora vemos com mais clareza do que nunca o papel desempenhado pelo tempo, o espaço e os meios de utilizá-los na formação, na estabilidade/flexibilidade e na extinção de totalidades políticas e socioculturais. As chamadas "comunidades intimamente ligadas" de outrora foram produzidas e mantidas, como agora podemos ver, pela defasagem entre a comunicação quase instantânea *dentro* da pequena comunidade (cujo tamanho era determinado pelas qualidades inatas dos *wetware* e assim confinado aos limites naturais da visão, audição e capacidade de memorização do homem) e a enormidade de tempo e despesas necessários para passar informação *entre* as localidades. Por outro lado, a atual fragilidade e curta duração das comunidades parece ser sobretudo resultado da redução ou completo desaparecimento daquela defasagem: a comunicação intracomunitária não leva vantagem sobre o intercâmbio entre comunidades, uma vez que *ambos* são instantâneos.

Michael Benedikt resume assim a nossa descoberta retrospectiva e a nova compreensão da íntima conexão entre a velocidade da viagem e a coesão social:

> O tipo de unidade possível em pequenas comunidades pela quase simultaneidade e custo quase nulo das comunicações através da voz natural, dos cartazes e folhetos sofre um colapso em escala mais ampla. A coesão social em qualquer escala é

uma função do consenso, do conhecimento comum, e, sem constante atualização e interação, essa coesão depende crucialmente da estrita e primária educação — e memória — da cultura. A flexibilidade social, ao contrário, depende do esquecimento e da comunicação barata.[5]

Acrescentemos que o "e" na última sentença citada é supérfluo; a facilidade de esquecer e o baixo custo (assim como a alta velocidade) da comunicação não passam de dois aspectos da mesma condição e dificilmente poderiam ser pensados separadamente. Comunicação barata significa o rápido transbordamento, sufocamento ou atropelamento da informação obtida, assim como a chegada veloz de notícias. Como a capacidade dos *wetware* permaneceu praticamente inalterada desde pelo menos os tempos paleolíticos, a comunicação barata inunda e sufoca a memória, em vez de alimentá-la e estabilizá-la. Presumivelmente, o mais seminal dos últimos desenvolvimentos é a redução das diferenças entre os custos de transmissão de informação em escala local e global (onde quer que se envie uma mensagem pela Internet, paga-se a tarifa de uma "chamada local", circunstância tão importante cultural como economicamente); isso, por sua vez, significa que a informação que eventualmente chega e pede atenção, acesso e permanência (por mais breve que seja) na memória tende a provir dos locais mais variados e mutuamente autônomos, assim provavelmente devendo passar mensagens mutuamente incompatíveis ou canceladoras — em aguda contradição com as mensagens que fluem dentro de comunidades desprovidas de *hardware* e *software* e que se apoiam exclusivamente no *wetware*; isto é, com as mensagens que tendiam a reiterar-se e reforçar-se umas às outras e ajudar o processo de memorização (seletiva).

Como coloca Timothy W. Luke, "a espacialidade das sociedades tradicionais é organizada em torno das capacidades menos mediadas dos corpos humanos comuns":

As visões tradicionais de ação muitas vezes recorrem a metáforas orgânicas para suas alusões: o conflito era cara a cara, o combate corpo a corpo; a justiça era olho por olho, dente por dente; a discussão encarniçada, a solidariedade ombro a ombro, a comunidade face a face, a amizade de braço dado e a mudança passo a passo.

Essa situação mudou enormemente com o avanço dos meios que permitiram afastar os conflitos, solidariedades, combates, debates e a administração da justiça para além do alcance do olho ou do braço humanos. O espaço tornou-se "processado/centrado/organizado/normalizado" e, acima de tudo, emancipado das restrições naturais do corpo humano. Foram portanto a capacidade técnica, a sua velocidade de ação e o seu custo de utilização que a partir de então "organizaram o espaço": "O espaço projetado por essa técnica é radicalmente diferente: planejado, não doado por Deus; artificial, não natural; mediado pelo *hardware*, não imediato ao *wetware*; racionalizado, não comunitário; nacional, não local."[6]

Planejado, o espaço moderno tinha que ser rígido, sólido, permanente e inegociável. Concreto e aço seriam a sua carne, a malha de ferrovias e rodovias os seus vasos sanguíneos. Os escritores das modernas utopias não distinguiram entre a ordem social e a arquitetônica, entre as unidades e divisões sociais ou territoriais; para eles — assim como para seus contemporâneos encarregados da manutenção da ordem social — a chave para uma sociedade ordeira devia ser procurada na organização do espaço. A totalidade social devia ser uma hierarquia de localidades cada vez maiores e mais inclusivas, com a autoridade supralocal do Estado empoleirada no topo, supervisionando o todo e ao mesmo tempo protegida da vigilância cotidiana.

Sobre esse espaço planejado, territorial-urbanístico-arquitetônico, impôs-se um terceiro espaço *cibernético* do mundo humano com o advento da rede mundial de informática. Elementos desse espaço, de acordo com Paul Virilio, são "desprovidos de dimensões espaciais, mas inscritos na temporalidade singular de uma difusão instantânea. Doravante, as pessoas não podem ser separadas por obstáculos físicos ou distâncias temporais. Com a interface dos terminais de computadores e monitores de vídeo, as distinções entre *aqui* e *lá* não significam mais nada."[7] Como muitas afirmações sobre a condição humana enquanto tal — a mesma e única para todos os humanos —, esta não é exatamente correta. A "interface dos terminais de computadores" teve impacto variado nas situações angustiosas de diferentes tipos de pessoas. E algumas — na verdade, um bocado delas — ainda podem, como antes, ser "separadas por obstáculos físicos e distâncias temporais", separação que agora é mais impiedosa e tem efeitos psicológicos mais profundos do que nunca.

## Nova velocidade, nova polarização

Trocando em miúdos: *em vez de homogeneizar a condição humana, a anulação tecnológica das distâncias temporais/espaciais tende a polarizá-la*. Ela emancipa certos seres humanos das restrições territoriais e torna extraterritoriais certos significados geradores de comunidade — ao mesmo tempo que desnuda o território, no qual outras pessoas continuam sendo confinadas, do seu significado e da sua capacidade de doar identidade. Para algumas pessoas ela augura uma liberdade sem precedentes face aos obstáculos físicos e uma capacidade inaudita de se mover e agir a distância. Para outras, pressagia a impossibilidade de domesticar e se apropriar da localidade da qual têm pouca chance de se libertar para mudar-se para outro lugar. Com "as distâncias não significando mais nada", as localidades, separadas por distâncias, também perdem seu significado. Isso, no entanto, augura para alguns a liberdade face à criação de significado, mas para outros pressagia a falta de significado. Alguns podem agora mover-se para fora da localidade — qualquer localidade — quando quiserem. Outros observam, impotentes, a única localidade que habitam movendo-se sob seus pés.

A informação agora flui independente dos seus portadores; a mudança e a rearrumação dos corpos no espaço físico é menos que nunca necessária para reordenar significados e relações. Para algumas pessoas — para a elite móvel, a elite da mobilidade — isso significa, literalmente, a libertação em relação ao "físico", uma nova imponderabilidade do poder. As elites viajam no espaço e viajam mais rápido que nunca — mas a difusão e a densidade da rede de poder que elas tecem não dependem dessa viagem. Graças à nova "incorporeidade" do poder na sua forma sobretudo financeira, os detentores do poder tornam-se realmente extraterritoriais, ainda que corporeamente estejam "no lugar". Seu poder está, real e integralmente, não "fora deste mundo" — não do mundo físico no qual constroem suas casas e escritórios supervigiados, eles próprios extraterritoriais, livres da intromissão de vizinhos importunos, isolados do que quer que se possa chamar de uma comunidade *local*, inacessíveis a quem quer que esteja (ao contrário deles) a ela confinado.

É a experiência da não terrestrialidade do poder vivida por essa nova elite — a combinação extraordinária e assustadora do etéreo com a onipotência, do não físico com um poder conformador da realidade — que está sendo registrada no elogio comum da "nova liberdade" corporificada no "ciberespaço" eletronicamente sustentado; da forma mais notável, na "analogia entre ciberespaço e a concepção cristã do paraíso", como define Margaret Wertheim:

> Assim como os primitivos cristãos imaginavam o paraíso como um reino idealizado para além do caos e da decadência do mundo material — uma desintegração palpável demais enquanto o império ruía ao seu redor — assim também, nestes tempos de desintegração social e ambiental, os prosélitos atuais do ciberespaço proferem seu domínio como um ideal "acima" e "além" dos problemas do mundo material. Assim como os cristãos primitivos proclamavam o paraíso como um reino no qual a alma humana seria libertada das fraquezas e

deslizes da carne, hoje os campeões do ciberespaço saúdam-no como um lugar onde o eu será libertado das limitações da encarnação física.[8]

No ciberespaço, os corpos não interessam — embora o ciberespaço interesse, de forma decisiva e inexorável, para a vida dos corpos. Não há apelação contra os vereditos baixados no paraíso ciberespacial e nada que aconteça na terra pode questionar sua autoridade. Com o poder de baixar vereditos investido com segurança no ciberespaço, os corpos dos poderosos não precisam ser corpos poderosos nem precisam se armar de pesadas armas materiais; mais do que isso, ao contrário de Anteu, não precisam de nenhuma ligação com seu ambiente terrestre para afirmar, fundar ou manifestar o seu poder. O que eles precisam é isolar-se da localidade, agora despojada de significado social, transplantada para o ciberespaço, e assim reduzida a terreno meramente "físico". Precisam também da *segurança desse isolamento* — uma condição de "não vizinhança", de imunidade face a interferências locais, um isolamento garantido, invulnerável, traduzido como "segurança" das pessoas, de seus lares e *playgrounds*. A desterritorialização do poder anda de mãos dadas, portanto, com a estruturação cada vez mais estrita do território.

Num estudo sob o título todo revelador de "Construindo a paranoia", Steven Flusty nota a comovedora explosão de ingenuidade e uma onda frenética de construção num campo novo das áreas metropolitanas: a dos "espaços proibidos" — "destinados a interceptar e repelir ou filtrar pretendentes a usuários". Flusty exibe um talento todo especial para cunhar de forma precisa e pungente termos para designar vários desses espaços que se suplementam mutuamente e combinam num novo equivalente urbano dos fossos e torreões que outrora guardavam os castelos medievais. Dentre essas variedades há o "espaço esquivo" — "espaço que não pode ser alcançado, porque as vias de aproximação se contorcem, prolongam ou inexistem"; o "espaço espinhoso" — "espaço que não pode ser confortavelmente ocupado, defendido por coisas tais como grades sobre os muros para afastar vagabundos ou barras inclinadas para impedir que se sentem"; ou o "espaço nervoso" — "espaço que não pode ser utilizado de forma despercebida devido ao ativo monitoramento de patrulhas ambulantes e/ou tecnologias remotas ligadas a estações de segurança". Esses e outros "espaços proibidos" não servem a outro propósito senão transformar a extraterritorialidade da nova elite supralocal no isolamento corpóreo, material, em relação à localidade. Eles também dão um toque final na desintegração das formas localmente baseadas de comunhão, de vida comunitária. A extraterritorialidade das elites é garantida da forma mais material — o fato de serem fisicamente inacessíveis a qualquer um que não disponha de uma senha de entrada.

Num desenvolvimento complementar, esses espaços urbanos onde os ocupantes de diversas áreas residenciais podiam se encontrar face a face, travar batalhas ocasionais, abordar e desafiar uns aos outros, conversar, discutir, debater ou concordar, levantando seus problemas particulares ao nível de questões públicas e tornando as questões públicas assuntos de interesse privado — essas ágoras "públicas/privadas" de que fala Castoriadis — estão rapidamente diminuindo em número e tamanho. Os poucos que restam tendem a ser cada vez mais seletivos — aumentando o poder das forças desintegradoras, em vez de reparar os danos causados por elas. Como diz Steven Flusty,

os tradicionais espaços públicos são cada vez mais suplantados por espaços de produção privada (embora muitas vezes com subsídios públicos), de propriedade e administração privadas, para reunião pública, isto é, espaços de consumo ... [O] acesso é facultado pela capacidade de pagar ... Aí reina a exclusividade, garantindo os altos níveis de controle necessários para impedir que a irregularidade, a imprevisibilidade e a ineficiência interfiram com o fluxo ordenado do comércio.[9]

As elites *escolheram* o isolamento e pagam por ele prodigamente e *de boa vontade*. O resto da população *se vê* afastado e *forçado* a pagar o pesado preço cultural, psicológico e político do seu novo isolamento. Aqueles incapazes de fazer de sua vida separada uma questão de opção e de pagar os custos de sua segurança estão na ponta receptora do equivalente contemporâneo dos guetos do início dos tempos modernos; são pura e simplesmente postos para "fora da cerca" sem que se pergunte a sua opinião, têm o acesso barrado aos "comuns" de ontem, são presos, desviados e levam um choque curto e grosso quando perambulam às tontas fora dos seus limites, sem notar os sinais indicadores de "propriedade privada" ou sem perceber o significado de indicações não verbalizadas mas nem por isso menos decididas de "não ultrapasse".

O território urbano torna-se o campo de batalha de uma contínua guerra espacial, que às vezes irrompe no espetáculo público de motins internos, escaramuças rituais com a polícia, ocasionais tropelias de torcidas de futebol, mas travadas diariamente logo abaixo da superfície da versão oficial pública (publicada) da ordem urbana rotineira. Os habitantes desprezados e despojados de poder das áreas pressionadas e implacavelmente usurpadas respondem com ações agressivas próprias; tentam instalar nas fronteiras de seus guetos seus próprios avisos de "não ultrapasse". Seguindo o eterno costume dos *bricoleurs*, usam para isso qualquer material que lhes caia em mãos — "rituais, roupas estranhas, atitudes bizarras, ruptura de regras, quebrando garrafas, janelas ou cabeças, lançando retóricos desafios à lei".[10] Eficientes ou não, essas tentativas têm a vantagem da não autorização e tendem a ser convenientemente classificadas nos registros oficiais como questões que envolvem a preservação da lei e da ordem, em vez do que são de fato: tentativas de tornar audíveis e legíveis suas reivindicações territoriais e, portanto, de apenas seguir as novas regras do jogo territorial que todo mundo está jogando com prazer.

As fortificações construídas pela elite e a autodefesa através da agressão praticada por aqueles deixados de fora das muralhas têm um efeito mutuamente reforçante previsto com clareza pela teoria das "cadeias cismogenéticas" de Gregory Bateson. De acordo com esse modelo teórico, é provável que surja um cisma e que se aprofunde irremediavelmente quando se coloca uma posição na qual

o comportamento X, Y, Z é a reação padrão a X, Y, Z... Se, por exemplo, os padrões X, Y, Z incluem a bazófia, veremos que é provável, se a bazófia é a reação à bazófia, que cada grupo levará o outro a uma ênfase excessiva desse padrão, processo que, se não refreado, pode apenas levar à rivalidade cada vez mais extremada e, por fim, à hostilidade e ruptura de todo o sistema.

O padrão acima é o da "diferenciação simétrica". Qual é a sua alternativa? O que acontece se o grupo B deixa de reagir ao tipo de desafio X, Y, Z do grupo A com um comportamento de tipo X, Y, Z? A cadeia cismogenética não é então rompida — apenas assume o padrão da diferenciação "complementar", em vez de simétrica. Se, por exemplo, um comportamento afirmativo não é respondido na mesma moeda, encontrando em vez disso submissão, "é provável que essa submissão promova mais afirmação, que por sua vez promoverá mais submissão". Será seguida de qualquer forma pela "ruptura do sistema".[11]

O efeito geral da opção entre os dois padrões é mínimo, mas para os lados presos pela cadeia cismogenética a diferença entre os padrões é aquela entre a dignidade e a humilhação, a condição humana e a sua perda. Pode-se facilmente prever que a estratégia da diferenciação simétrica seria sempre preferida à alternativa complementar. Esta é a estratégia para os derrotados ou para aqueles que aceitaram a inevitabilidade da derrota. Algumas coisas, porém, estão fadadas a sair vitoriosas, seja qual for a estratégia escolhida: a nova fragmentação do espaço da cidade, o encolhimento e desaparecimento do espaço público, a desintegração da comunidade urbana, a separação e a segregação — e, acima de tudo, a extraterritorialidade da nova elite e a territorialidade forçada do resto.

Se a nova extraterritorialidade da elite parece uma liberdade intoxicante, a territorialidade do resto parece cada vez menos com uma base doméstica e cada vez mais com uma prisão — tanto mais humilhante pela intrometida visão da liberdade de movimento dos outros. Não se trata apenas do fato de que a condição de "estar imobilizado", incapaz de se mover à vontade e com acesso barrado a pastagens mais verdejantes, exsude o odor acre da derrota, indicando uma condição humana incompleta e implicando ser defraudado na divisão dos esplendores que a vida tem a oferecer. A privação atinge mais fundo. A "localidade" no novo mundo de alta velocidade não é o que a localidade costumava ser numa época em que a informação movia-se apenas junto com os corpos dos seus portadores; nem a localidade nem a população localizada têm muito em comum com a "comunidade local". Os espaços públicos — ágoras e fóruns nas suas várias manifestações, lugares onde se estabelecem agendas, onde assuntos privados se tornam públicos, onde opiniões são formadas, testadas e confirmadas, onde se passam julgamentos e vereditos — tais espaços seguiram as elites, soltando-se de suas âncoras locais; são os primeiros a se desterritorializar e mudar para bem além do alcance da capacidade comunicativa meramente de *wetware* de qualquer localidade e seus habitantes. Longe de serem viveiros de comunidades, as populações locais são mais parecidas com feixes frouxos de extremidades soltas.

Paul Lazarsfeld escreveu sobre os "líderes de opinião locais", que filtram, avaliam e processam para outros habitantes locais as mensagens que chegam de "fora" através dos meios de comunicação; mas, para fazê-lo, os líderes locais devem primeiro ter sido ouvidos pela localidade — precisavam de uma ágora onde os habitantes locais pudessem se reunir para falar e ouvir. Era essa ágora local que permitia à voz dos líderes locais competir com as vozes de longe e ganhar confiança para superar a autoridade muito mais capaz, diluída que era pela distância. Duvido que Lazarsfeld chegasse à mesma conclusão se repetisse seu estudo hoje, apenas meio século após.

Nils Christie tentou recentemente captar numa alegoria a lógica do processo e suas consequências.[12] Uma vez que o texto ainda não é facilmente disponível, citarei a história por inteiro:

Moisés desceu as montanhas. Debaixo do braço levava as leis, gravadas em granito, que lhe foram ditadas por alguém ainda mais acima que as montanhas. Moisés era apenas um mensageiro, o povo — populus — era o destinatário ... Muito tempo depois, Jesus e Maomé atuaram segundo os mesmos princípios. São casos clássicos de "*justiça piramidal*".

E então o outro quadro: mulheres reunidas na fonte, em volta do poço ou em algum lugar de reunião ao longo do rio ... Buscar água, lavar as roupas, trocar informações e opiniões. O ponto de partida para a conversa serão sempre atos e situações concretos. Estes são *descritos*, *comparados* a ocorrências similares do passado em algum outro lugar e *avaliados* — certos ou errados, belos ou feios, fortes ou fracos. Lentamente, mas nem sempre, deve se formar uma compreensão comum das ocorrências. É por esse processo que são *criadas* as normas. É um caso clássico de "*justiça igualitária*"...

... [O] poço é abolido. Tivemos por um tempo nos países modernos umas lojinhas com máquinas de lavar acionadas por moedas onde chegávamos com nossa roupa suja e saíamos com ela lavada. Nos intervalos, havia um tempo para conversar. Agora já não existem mais as Laundromats ... Os imensos *shoppings* podem oferecer algumas oportunidades de encontros, mas em geral são grandes demais para a criação da justiça horizontal. Grandes demais para encontrar os velhos conhecidos e muito agitados e cheios de gente para os longos bate-papos necessários ao estabelecimento de padrões de comportamento ...

Acrescentemos que os *shoppings* são construídos de forma a manter as pessoas em circulação, olhando ao redor, divertindo-se e entretendo-se sem parar — mas de forma alguma por muito tempo — com inúmeras atrações; não para encorajá-las a parar, a se olhar e conversar, a pensar em analisar e discutir alguma coisa além dos objetos em exposição — não são feitos para passar o tempo de maneira comercialmente desinteressada...

O balanço alegórico de Christie tem o mérito adicional de trrazer à luz os efeitos éticos da degradação dos espaços públicos. Os locais de encontro eram também aqueles em que *se criavam as normas* — de modo que se pudesse fazer justiça e distribuí-la *horizontalmente*, assim reunindo os interlocutores numa *comunidade*, definida e integrada pelos critérios comuns de avaliação. Por isso um território despojado de espaço público dá pouca chance para que as normas sejam debatidas, para que os valores sejam confrontados e negociados. Os vereditos de certo e errado, belo e feio, adequado e inadequado, útil e inútil só podem ser decretados de cima, de regiões que jamais deverão ser penetradas senão por um olhar extremamente inquisitivo; os vereditos são inquestionáveis desde que nenhum questionamento significativo possa ser feito aos juízes e desde que os juízes não deixem endereço — sequer um endereço eletrônico, um *e-mail* — e ninguém saiba com certeza onde residem. Não há espaço para os "líderes de opinião locais"; não há espaço para a "opinião local" enquanto tal.

Os vereditos podem estar inteiramente desligados do curso de vida local, mas não devem ser colocados em teste na experiência das pessoas sobre cuja conduta se pronunciam. Nascidos de um tipo de experiência conhecida pelos receptores locais da mensagem no máximo por ouvir dizer, eles podem redundar em mais sofrimento mesmo que pretendam trazer alegria. Os originais extraterritoriais entram na vida localmente confinada apenas como caricaturas; talvez como mutantes e monstros. No caminho, expropriam os poderes éticos dos habitantes locais, despojando-os de todos os meios para limitar o dano.

# 2
# Guerras espaciais: informe de carreira

Diz-se com frequência e com mais frequência ainda é tido como certo que a ideia de "espaço social" nasceu (na cabeça dos sociólogos, é claro — onde mais?) de uma transposição metafórica de conceitos formados na experiência do espaço físico, "objetivo". Mas o caso é o oposto. Essa distância, que hoje somos inclinados a chamar "objetiva" e a medir comparando-a com a extensão do equador e não com o tamanho das partes do corpo humano, com a destreza corporal ou as simpatias e antipatias de seus habitantes, costumava ser medida pelos corpos humanos e as relações humanas muito antes que aquela barra de metal chamada metro, essa impessoalidade e descorporificação encarnada, fosse depositada em Sèvres para que todo mundo a respeitasse e obedecesse.

O grande historiador social Witold Kula demonstrou de forma mais integral que qualquer outro estudioso que não apenas no sentido sutil derivado das ruminações filosóficas de Protágoras, mas num sentido bem mundano, literal, e de maneira absolutamente não filosófica, o corpo humano era, desde tempos imemoriais, "a medida de todas as coisas". Em toda a sua história e até o bem recente advento da modernidade, o homem mediu o mundo com o seu corpo — pés, punhados, côvados; com seus produtos — cestos ou potes; com suas atividades — dividindo, por exemplo, seus campos em "Morgen" [manhãs ou acres, em alemão], isto é, em lotes que pudessem ser arados por um homem que trabalhasse da aurora até o crepúsculo.

Um punhado, porém, não é igual a outro, nem todos os cestos têm o mesmo tamanho; as medidas "antropomórficas" e "praxeomórficas" eram fatalmente tão diversificadas e contingentes quanto os corpos e práticas humanas a que se referiam. Daí a dificuldade que surgia sempre que os detentores do poder queriam dar um tratamento uniforme a um número maior de súditos, exigindo de todos eles "os mesmos" tributos ou impostos. Havia que se encontrar então uma maneira de contornar e neutralizar o impacto da variedade e da contingência — e ela foi encontrada na imposição de medidas padrão, obrigatórias, de distância, superfície, volume, ao mesmo tempo que eram proibidas outras medidas locais, baseadas no grupo ou no indivíduo.

Mas não apenas a questão de medir o espaço "objetivamente" apresentava um problema. Antes de medir, é preciso ter primeiro uma clara noção do que deve ser medido. Se é o espaço que deve ser medido (ou mesmo concebido como algo mensurável), é preciso primeiro ter a ideia de "distância" — e essa ideia na origem se limitava à distinção entre coisas ou pessoas "próximas" ou "longínquas" e à experiência de algumas pessoas ou coisas estarem mais "próximas" do que outras. Inspirando-se na tese de Durkheim/Mauss sobre as origens sociais da classificação, Edmund Leach documentou o impressionante paralelismo entre as categorias populares de espaço, a classificação de parentesco e o tratamento diferenciado para os animais domésticos, de criação ou selvagens.[1] As categorias de casa, fazenda, campo e o "distante" parecem obedecer no mapa popular do mundo a um princípio muito semelhante, virtualmente o mesmo que as categorias de animais domésticos, gado, animais de lazer e animais "selvagens", por um lado, e as categorias de irmã(o), primo(a), vizinho e estranho ou "estrangeiro", por outro.

Como sugeriu Claude Lévi-Strauss, a proibição do incesto, que implicava a imposição de distinções artificiais, conceituais, sobre indivíduos física, corporal e "naturalmente" indistintos, foi o primeiro ato — constitutivo — de cultura, que daí em diante consistiria para sempre na inserção no mundo "natural" das divisões, distinções e classificações que refletiam a diferenciação da prática humana e dos conceitos impostos pela prática e não eram atributos próprios da "natureza" mas da atividade e do pensamento humanos. Não constituiu exceção a tarefa enfrentada pelo Estado moderno ante a necessidade de unificação do espaço submetido agora à sua autoridade direta; ela consistia em separar as categorias e distinções espaciais das práticas humanas que os poderes do Estado não controlavam. A tarefa resumia-se à substituição de todas as práticas locais e dispersas por práticas administrativas de Estado como único ponto de referência universalmente impositivo para todas as medidas e divisões de espaço.

A batalha dos mapas

O que é facilmente legível ou transparente para alguns pode ser obscuro e opaco para outros. Onde alguns não encontram a menor dificuldade, outros podem se sentir desorientados e perdidos. Enquanto as medidas foram antropomórficas, tendo como pontos de referência práticas locais variadas e mutuamente descoordenadas, serviram às comunidades humanas de escudo para se protegerem da curiosidade e intenções hostis dos intrusos e, acima de tudo, das imposições de intrusos com poderes superiores.

Para coletar impostos e recrutar soldados, os poderes pré-modernos, incapazes de tornar a realidade plenamente perceptível para seus súditos, tinham que se comportar como forças estranhas, hostis, recorrendo a invasões armadas e expedições punitivas. Com efeito, pouca coisa diferenciava a coleta de tributos do roubo ou pilhagem e o alistamento de soldados da captura de prisioneiros; os mercenários dos príncipes e barões persuadiam "os nativos" a se separarem dos seus produtos ou dos seus filhos usando como argumento a espada e o chicote; e conseguiam o máximo que lhes permitia arrancar essa exibição de força bruta. Ernest Gellner chamou o sistema de governo pré-moderno de "Estado dentista": os governantes, disse ele, especializaram-se na extração pela tortura.

Desconcertados e confusos pela desnorteante variedade de medidas e sistemas de contagem locais, os poderes tributários e seus agentes preferiam em geral lidar com corporações em vez de súditos individuais, com os anciãos da aldeia ou paróquia em vez dos agricultores ou meeiros individuais; mesmo no caso de tributos tão "individualizados" e "pessoais" como os que incidiam sobre as chaminés ou janelas, as autoridades estatais preferiam fixar uma cota global para a aldeia, deixando aos habitantes locais a distribuição dos encargos. Pode-se também supor que uma razão decisiva para preferir o pagamento de tributos em moeda corrente em vez de produtos agrícolas era a independência dos valores da moeda, determinados pelo Estado, face à aduana local. Na ausência de medições "objetivas" das terras, dos registros fundiários e do inventário do gado, os tributos indiretos — cobrados sobre atividades difíceis ou impossíveis de esconder na floresta de interações óbvias para os habitantes locais mas impenetráveis e enganosas para visitantes ocasionais (por exemplo, impostos sobre a venda de sal ou tabaco, pedágios de estradas ou pontes, pagamentos por ofícios e títulos) — eram os meios de obter renda preferidos do Estado pré-moderno, que, como Charles Lindblom formulou com propriedade, tinha apenas polegares e não os outros dedos.

Não admira que a legibilidade do espaço, sua transparência, tenha se transformado num dos maiores desafios da batalha do Estado moderno pela soberania de seus poderes. Para obter controle legislativo e regulador sobre os padrões de interação e lealdade sociais, o Estado tinha que controlar a transparência do cenário no qual vários agentes envolvidos na interação são obrigados a atuar. A modernização dos arranjos sociais promovidos pelas práticas dos poderes modernos visava ao estabelecimento e perpetuação do controle assim entendido. Um aspecto decisivo do processo modernizador foi portanto a prolongada guerra travada em nome da reorganização do espaço. O que estava em jogo na principal batalha dessa guerra era o direito de controlar o ofício de cartógrafo.

O objetivo esquivo da moderna guerra pelo espaço era a subordinação do espaço social a um e apenas um mapa oficialmente aprovado e apoiado pelo Estado — esforço conjugado com e apoiado pela desqualificação de todos os outros mapas ou interpretações alternativos de espaço, assim como com o desmantelamento ou desativamento de todas as instituições e esforços cartográficos além daqueles estabelecidos pelo Estado, licenciados ou financiados pelo Estado. A estrutura espacial que surgiria no final dessa guerra pelo espaço deveria ser perfeitamente legível para o poder estatal e seus agentes, ao mesmo tempo que absolutamente imune ao processamento semântico por seus usuários ou vítimas — resistente a todas as iniciativas interpretativas de "base popular" que podiam ainda saturar fragmentos do espaço com significados desconhecidos e ilegíveis para os poderes constituídos e assim tornar esses fragmentos invulneráveis ao controle de cima.

A invenção da perspectiva em pintura, obra dos esforços conjuntos de Alberti e Bruneslleschi no século XV, foi um passo decisivo e um autêntico ponto crucial no longo caminho para a concepção moderna de espaço e os métodos modernos para implementá-la. A ideia de perspectiva está a meio caminho entre a visão de espaço firmemente assentada em realidades coletivas e individuais e seu posterior desenraizamento moderno. Tinha como garantido o papel decisivo da percepção humana na organização do espaço: o olho do observador era o ponto de partida de toda perspectiva; ele determinava o tamanho e as distâncias mútuas de todos os objetos que entravam nesse campo e era o único ponto de referência para a localização dos objetos e do espaço. A novidade, porém, é que agora o olho do observador era um "olho humano enquanto tal", um olho novo em folha, "impessoal". Não importava mais quem eram os observadores; a única circunstância que contava era que se colocavam num determinado ponto de observação. Afirmava-se agora — era coisa tida de fato como certa — que *qualquer observador* colocado naquele ponto veria as relações espaciais entre os objetos exatamente da mesma forma.

Daí em diante, o que decidiria o arranjo espacial das coisas não seriam as qualidades do observador mas a localização inteiramente quantificável do ponto de observação, a localização situável num espaço abstrato e vazio, livre do homem, social e culturalmente indiferente, impessoal. A concepção de perspectiva realizou um duplo feito, assim atrelando a natureza praxeomórfica da distância às necessidades da nova homogeneidade promovida pelo Estado moderno. Ao mesmo tempo que reconheceu a relatividade subjetiva dos mapas de espaço, simultaneamente neutralizou o impacto dessa relatividade: despersonalizou as consequências das origens subjetivas das percepções de forma quase tão radical como a imagem de Husserl para o significado que nasce da subjetividade "transcendental".

O ponto de gravidade na organização espacial mudou então da pergunta "quem?" para esta outra: "de que ponto no espaço?" Uma vez colocada a questão, no entanto, imediatamente ficou evidente que, uma vez que nem toda criatura humana ocupa o mesmo lugar e portanto contempla o mundo da mesma perspectiva, nem todas as visões se equivalem. Deve ou deveria haver, portanto, um certo ponto privilegiado do qual se pudesse obter a melhor percepção. Era agora fácil de ver que o "melhor" significava "objetivo", que por sua vez significava impessoal ou suprapessoal. O "melhor" seria aquele ponto único de referência capaz de produzir o milagre de superar, de se elevar acima da própria relatividade endêmica.

A caótica e desnorteante diversidade pré-moderna de mapas deveria portanto ser substituída não tanto por uma imagem do mundo universalmente partilhada, mas por uma estrita hierarquia de imagens. Teoricamente, o "objetivo" significava primeiro e antes de mais nada "superior", enquanto sua superioridade prática continuava sendo o estado ideal de coisas que os poderes modernos ainda deveriam alcançar — e que, uma vez alcançado, se tornaria um dos principais recursos desses poderes.

Territórios inteiramente domesticados, inteiramente familiares e inteligíveis para os propósitos das atividades cotidianas dos aldeões ou paroquianos permaneciam confusa e ameaçadoramente estranhos, inacessíveis e indomados para as autoridades centrais; a reversão dessa relação foi um dos principais indícios e dimensões do "processo modernizador". A legibilidade e transparência do espaço, consideradas nos tempos modernos a característica diferencial da ordem racional, não foram, enquanto tais, invenções modernas; afinal, em todos os tempos e lugares foram condições indispensáveis da coexistência humana, oferecendo a quantidade módica de certeza e autoconfiança sem a qual a vida diária era simplesmente impensável. A única novidade moderna foi situar a transparência e a legibilidade como um objetivo a ser sistematicamente perseguido — como uma *tarefa*, algo que ainda precisa ser imposto à realidade recalcitrante, tendo sido primeiro delineado com a ajuda de especialistas. Modernização significava, entre outras coisas, tornar o mundo habitado receptivo à administração supracomunitária, estatal; e essa tarefa requeria, como condição necessária, tornar o mundo transparente e legível para os poderes administrativos.

No seu estudo seminal do "fenômeno burocrático", Michel Crozier mostrou a íntima conexão entre a escala de certeza/incerteza e a hierarquia de poder. Ficamos sabendo com Crozier que, em qualquer coletividade estruturada (organizada), a posição dominante pertence àquelas unidades que tornam sua própria situação opaca e suas ações impenetráveis aos forasteiros — ao mesmo tempo que as mantêm claras para si mesmas, livres de pontos enevoados e seguras contra surpresas. Em todo o mundo das burocracias modernas, a estratégia de cada setor existente ou com aspirações a existir consiste invariavelmente e de forma consistente em tentativas de desatar as próprias mãos e na pressão para impor regras estritas e rigorosas para a conduta de todos os demais dentro da organização. Tal setor ganha o máximo de influência quando consegue tornar seu comportamento uma variável desconhecida nas equações que outros setores formulam a fim de fazer opções — ao mesmo tempo que consegue tornar constante, regular e previsível a conduta dos outros setores. Em outras palavras, maior poder é exercido por aquelas unidades capazes de permanecer a fonte da incerteza de outras unidades. A manipulação da incerteza é a essência e o desafio primário na luta pelo poder e influência dentro de toda totalidade estruturada — antes e acima de tudo na sua forma mais radical, a da moderna organização burocrática e particularmente da burocracia do Estado moderno.

O modelo panóptico do poder moderno concebido por Michel Foucault apoia-se numa suposição bastante semelhante. O fator decisivo desse poder que os supervisores ocultos na torre central do Panóptico exercem sobre os internos mantidos nas alas do edifício em forma de estrela é a combinação da total e constante visibilidade desses últimos com a invisibilidade igualmente total e perpétua dos primeiros. Sem jamais saber com certeza se os supervisores os estão observando ou se sua atenção desvia-se para outras alas, se estão dormindo, descansando ou atentos, os internos devem se comportar o tempo todo *como se* estivessem efetivamente sob vigilância. Os supervisores e os internos (sejam eles prisioneiros, trabalhadores, soldados, alunos, pacientes ou outra coisa) residem no "mesmo" espaço, mas são colocados em situações diametralmente opostas. A visão do primeiro grupo não é obstruída, enquanto o segundo precisa agir num território de névoa, opaco.

Observemos que o Panóptico era um *espaço artificial* — construído de propósito, tendo em mente a assimetria da capacidade visual. O propósito era manipular conscientemente e rearrumar intencionalmente a transparência do espaço como relação social — como, em última instância, uma relação de poder. A artificialidade do espaço feito sob medida era um luxo inacessível aos poderes voltados para a manipulação do espaço numa ampla escala estatal. Em vez de criar do nada um novo espaço funcionalmente impecável, os modernos poderes de Estado — ao mesmo tempo que buscavam objetivos "panópticos" — tinham que se decidir pela segunda melhor solução. Mapear o espaço de modo facilmente legível para a administração estatal, embora fosse contra a natureza das práticas locais, despojando os habitantes "locais" de seus meios bem dominados de orientação e portanto confundindo-os, era pois a primeira tarefa estratégica da moderna guerra pelo espaço. O ideal panóptico não era, entretanto, abandonado, mas meramente posto em banho-maria, à espera de tecnologia mais poderosa. Quando o primeiro estágio atingia seus objetivos, a estrada podia se abrir para o próximo, mais ambicioso, no processo de modernização. Nesse estágio, o objetivo não era apenas *traçar* mapas elegantes, uniformes e uniformizantes do território do Estado, mas *remodelar o espaço* fisicamente segundo o padrão de elegância até ali alcançado apenas pelos mapas desenhados e armazenados no escritório cartográfico; não buscar o registro perfeito da existente imperfeição territorial, mas incrustar na terra o grau de perfeição antes encontrado apenas na prancha de desenho.

Anteriormente, era o mapa que refletia e registrava as formas do território. Agora, era a vez do território se tornar um reflexo do mapa, ser elevado ao nível da ordenada transparência que os mapas se esforçavam por atingir. Era o próprio espaço que devia ser remodelado ou modelado a partir do nada à semelhança do mapa e de acordo com as decisões dos cartógrafos.

## Do mapeamento do espaço à espacialização dos mapas

Intuitivamente, é a estrutura espacial geometricamente simples, feita de blocos uniformes do mesmo tamanho, que parece mais se aproximar da satisfação dessa exigência. Não admira que em todas as visões utópicas modernas da "cidade perfeita", as regras urbanísticas e arquitetônicas que os autores trataram com incansável atenção giravam em torno dos mesmos princípios básicos: primeiro, o *planejamento* prévio, estrito, detalhado e abrangente do espaço da cidade — a construção da cidade "a partir do nada", num sítio vazio ou esvaziado, de acordo com um plano concluído antes do início da construção; e segundo, a regularidade, uniformidade, homogeneidade e reprodutibilidade dos elementos espaciais em torno dos edifícios administrativos colocados no centro da cidade ou, melhor ainda, no alto de uma montanha, de onde todo o espaço da cidade pudesse ser visualmente abarcado. As seguintes "leis fundamentais e sagradas" formuladas por Morelly no seu *Code de la Nature, ou le véritable esprit de ses lois de tout temps négligé ou méconnu*, publicado em 1755, oferecem um exemplo representativo do conceito moderno do espaço da cidade perfeitamente estruturado.

Em volta de uma grande praça de *proporções regulares* [aqui e a seguir, grifo meu — Z.B.] serão erguidos armazéns públicos para guardar todas as provisões necessárias e com a sala para reuniões públicas — tudo uniformizado e de aparência agradável.

Fora desse círculo serão dispostos *regularmente* os distritos urbanos — todos do *mesmo* tamanho, de forma *similar* e divididos por ruas *iguais* ...

Todos os edifícios serão *idênticos* ...

Todos os distritos serão planejados de tal forma que, se necessário, possam ser ampliados *sem romper sua regularidade* ...

Os princípios da uniformidade e regularidade (e portanto também da permutabilidade) dos elementos da cidade foram complementados, no pensamento de Morelly como no de outros visionários e praticantes do planejamento e administração da cidade moderna, pelo postulado da subordinação funcional de todas as soluções arquitetônicas e demográficas às "necessidades da cidade como um todo" (como o próprio Morelly colocou, "o número e o tamanho" de todos os edifícios serão ditados pelas necessidades de uma dada cidade) e pela exigência de separar espacialmente partes da cidade dedicadas a diferentes funções ou diversas pela qualidade dos seus habitantes. E assim "cada tribo irá ocupar um distrito separado e cada família um apartamento separado". (Os edifícios, no entanto, apressa-se Morelly em ressaltar, serão os mesmos para todas as famílias; essa exigência pode ter sido ditada, é possível supor, pelo desejo de neutralizar o impacto potencialmente deteriorante de tradições tribais idiossincráticas na transparência geral do espaço da cidade.) Os habitantes que por qualquer razão não conseguissem se adaptar aos padrões de normalidade ("cidadãos doentes", "inválidos e senis" e aqueles que "mereçam um isolamento temporário do restante") serão confinados em áreas "fora de todos os círculos, a uma certa distância". Finalmente, os habitantes que mereçam a "morte *cívica*, isto é, a perpétua exclusão da sociedade", serão trancafiados em celas semelhantes a cavernas com "paredes e grades bem fortes", perto dos *biologicamente* mortos, dentro do "cemitério murado".

O aspecto da cidade perfeita esboçada pela pena dos utopistas não se assemelhava ao de qualquer cidade real em que vivessem e sonhassem os planejadores. Mas, como Karl Marx assinalaria um pouco mais tarde (com um gesto de aprovação), sua preocupação não era como representar ou explicar o mundo, mas como transformá-lo. Ou melhor, eles se indignavam com as restrições que a realidade existente impunha à implementação de planos ideais e sonhavam em substituí-la por uma nova realidade, livre dos traços mórbidos de acidentes históricos, feita a partir do nada e de encomenda. Em suas entrelinhas, cada projeto de cidade ainda a ser criada *ab nihilo* implicava a destruição de uma cidade já existente. Em meio ao presente — confuso, fétido, incoerente, caótico e, portanto, merecedor de uma sentença de morte — o pensamento utópico era uma cabeça de ponte da ordenada perfeição e da ordem perfeita futuras.

A fantasia, no entanto, raramente é genuinamente "vã" e menos ainda inocente de fato. Seus planos eram cabeças de ponte do futuro não apenas na imaginação acalorada dos planejadores. Não havia escassez de exércitos e de generais ávidos em usar as utópicas cabeças de ponte para lançar um ataque total contra os poderes do caos e para ajudar o futuro a invadir e conquistar o presente. No seu esclarecedor estudo das utopias modernas, Bronislaw Baczko fala de "um movimento duplo: o da imaginação utopista para conquistar o espaço urbano e o dos sonhos de planejamento da cidade e de arquitetura em busca de uma estrutura social em que possam se materializar".[2] Os pensadores e fazedores de coisas eram em igual medida obcecados com "o centro" em torno do qual o espaço das cidades futuras devia ser disposto de forma lógica, assim criando as condições de transparência estabelecidos pela razão impessoal. Essa obsessão, em todos os seus aspectos interligados, é magistralmente dissecada na análise de Baczko sobre o projeto da "Cidade chamada Liberdade", publicado em 12 de Floreal do ano V da Revolução Francesa pelo geômetra e topógrafo F.-L. Aubry com o propósito de ser um esboço da futura capital da França revolucionária.

Tanto para os teóricos como para os praticantes, a cidade futura era uma encarnação espacial da liberdade, seu símbolo e monumento, conquistados pela Razão na sua prolongada guerra de vida ou morte contra a irracional e irrefreável contingência da história; assim como a liberdade prometida pela revolução era a de purificar o tempo histórico, o espaço sonhado pelos utopistas urbanos deveria ser um lugar "jamais poluído pela história". Essa condição rigorosa eliminava da competição todas as cidades existentes, condenando-as todas à destruição.

Certo, Baczko focaliza apenas um dos muitos locais de reunião para sonhadores e homens de ação — a Revolução Francesa; mas esse local foi frequentemente visitado por viajantes de toda parte em busca de inspiração, uma vez que o encontro era mais íntimo e alegremente celebrado ali que em qualquer outro lugar. Os sonhos de um espaço urbano perfeitamente transparente foram uma rica fonte de inspiração e coragem para os líderes políticos da revolução, ao passo que para os sonhadores a revolução seria antes e acima de tudo uma audaciosa, decidida e competente empresa de arquitetura e construção, pronta a gravar nos terrenos destinados a cidades perfeitas as formas evocadas nas intermináveis noites insones sobre as pranchetas de desenho utopistas.

Eis um dos muitos casos explorados por Baczko, a história da terra ideal de Sévarambes e de sua capital ainda mais perfeita, Sévariade:[3]

Sévariade é "a mais bela cidade do mundo", caracterizada pela "boa manutenção da lei e da ordem". "A capital é concebida de acordo com um plano racional, claro e simples, rigorosamente seguido, que a torna a cidade mais regular do mundo." A transparência do espaço da cidade decorre sobretudo da decisão de dividi-lo claramente em 260 unidades idênticas — *osmasies*, cada uma constituída de um edifício quadrado com fachada de 15 metros de comprimento, amplo pátio interno, quatro portas e mil moradores "confortavelmente instalados". A cidade impressiona o visitante com sua "perfeita regularidade". "As ruas são largas e tão retas que se tem a impressão que foram traçadas com uma régua" e todas dando em "praças espaçosas no meio das quais há chafarizes e edifícios públicos" também de tamanho e desenho uniformes. "A arquitetura das casas é quase uniforme", embora uma suntuosidade extra assinale a residência de pessoas importantes. "Não há nada caótico nessas cidades: por toda a parte reina uma ordem perfeita e impressionante" (os doentes, os deficientes mentais e os criminosos foram expulsos para fora dos limites da cidade). Tudo aqui tem uma função e, portanto, tudo é belo — uma vez que a beleza significa obviedade de propósito e simplicidade de forma. Quase todos os elementos da cidade são intercambiáveis — e assim também as próprias cidades; quem visitou Sévariade visitou todas as cidades de Sévarambes.

Não sabemos, diz Baczko, se os planificadores das cidades perfeitas estudaram os projetos uns dos outros — mas seus leitores só podem achar que "ao longo de todo o século tudo o que fazem é continuamente reinventar a mesma cidade". Essa impressão é causada pelos valores comuns a todos os inventores de utopias e sua preocupação comum com "um certo ideal de racionalidade feliz ou, se quiserem, de felicidade racional" — implicando uma vida num espaço perfeitamente ordenado e depurado de todo acaso, livre de tudo que seja fortuito, acidental e ambivalente.

As cidades descritas na literatura utopista são todas, na competente expressão de Baczko, "cidades *literárias*", não apenas no sentido óbvio de serem produtos da imaginação literária, mas num outro, mais profundo: podiam ser *descritas* nos mínimos detalhes, pois não continham nada inefável, ilegível, que desafiasse a clara representação. De forma bem semelhante à concepção de Jürgen Habermas sobre a legitimidade objetiva de afirmações e normas, que só pode ser universal e assim exige "a extinção do espaço e do tempo",[4] assim a visão da cidade perfeita implicava uma total rejeição da história e a demolição de todos os seus vestígios palpáveis. Aliás, essa visão desafiava a autoridade tanto do espaço quanto do tempo através da eliminação da diferenciação qualitativa do espaço, que é sempre um sedimento de tempo igualmente diferenciado e, portanto, histórico.

O postulado dessa "desmaterialização" de espaço e tempo, combinado com a ideia da "felicidade racional", torna-se um mandamento firme e incondicional quando a realidade humana é contemplada das janelas dos gabinetes da administração. Só quando vista através dessas janelas é que a diversidade dos fragmentos de espaço e particularmente a abertura final e subdeterminação de sua destinação, sua receptividade a múltiplas interpretações, parecem negar a possibilidade de ação racional. Nessa perspectiva administrativa é difícil imaginar um modelo de racionalidade distinto daquele que tem a pessoa e um modelo de felicidade diferente da vida num mundo que dá impressão dessa racionalidade. Situações que se prestam a muitas definições distintas, situações que podem ser decodificadas com variadas chaves, parecem ser não apenas obstáculos à transparência do próprio campo de ação pessoal, mas um inconveniente que assinala "a opacidade enquanto tal"; não um sinal da multiplicidade das ordens coexistentes, mas um sintoma do caos; não apenas um impedimento à realização de um modelo pessoal de ação racional, mas um estado de coisas incompatível com "a razão enquanto tal".

Do ponto de vista da administração espacial, modernização significa monopolização dos direitos cartográficos. É impossível, no entanto, manter o monopólio numa cidade tipo palimpsesto, construída com camadas de acidentes históricos sucessivos, uma cidade que se formou e ainda está se formando com a seletiva assimilação de tradições divergentes e a absorção igualmente seletiva de inovações culturais, as duas seleções submetidas a regras mutáveis raramente explícitas, raramente presentes no pensamento no momento da ação e suscetíveis à codificação quase lógica somente com o benefício da visão retrospectiva. O monopólio é muito mais fácil de alcançar se o mapa antecede o território mapeado: se a cidade é, desde a sua criação e por toda a sua história, simplesmente uma projeção do mapa sobre o espaço; se, em vez de tentar desesperadamente capturar a desordenada variedade da realidade urbana na elegância impessoal de uma grade cartográfica, o mapa se torna uma moldura na qual as realidades urbanas ainda a surgir devem ser traçadas, extraindo seu significado e função unicamente do lugar a elas destinado na malha. Só então poderiam os significados e funções ser realmente inequívocos; sua *Eindeutigkeit* [clareza] será de antemão testemunhada pela perda de poder ou derrubada de autoridades interpretativas alternativas.

Sonharam claramente com essa condição ideal para o monopólio cartográfico os arquitetos e urbanistas mais radicalmente modernistas de nossa era — Le Corbusier sendo o mais famoso deles. Como para demonstrar a natureza suprapartidária da modernização espacial e a ausência de qualquer ligação entre seus princípios e ideologias políticas, Le Corbusier ofereceu seus serviços com igual zelo e ausência de escrúpulos aos governantes comunistas da Rússia e aos fascistoides da França de Vichy.

Como que a demonstrar a endêmica nebulosidade das ambições modernistas, brigou com os dois governos: o pragmatismo involuntário mas inexorável dos governantes estava fadado a cortar as asas da imaginação radical.

Em *La ville radieuse*,[5] publicado em 1933 e destinado a tornar-se o evangelho do modernismo urbano, Le Corbusier proferiu uma sentença de morte contra as cidades existentes — refugo podre de história rebelde, descuidada, infeliz e urbanisticamente ignorante. Ele acusou as cidades existentes de não serem funcionais (algumas funções logicamente indispensáveis não tinham agentes para cumpri-las, enquanto algumas outras funções se sobrepunham e chocavam, causando confusão nos habitantes urbanos), de serem insalubres e de ofenderem o senso estético (com a confusão de ruas e estilos arquitetônicos). As deficiências das cidades existentes eram numerosas demais para que valesse a pena a retificação de cada uma delas em separado, com os recursos que isso exigiria. Seria muito mais razoável aplicar um tratamento por atacado e curar todas as afecções de um só golpe — demolindo as cidades herdadas e limpando a área para a construção de novas cidades planejadas em cada detalhe ou abandonando as grandes cidades de hoje ao seu destino mórbido e transferindo seus habitantes para novas cidades concebidas de forma correta desde o início. *La ville radieuse* apresenta os princípios que devem guiar a construção das cidades futuras, focalizando os exemplos de Paris (impenitente, apesar da bravata do barão Haussmann), Buenos Aires e Rio de Janeiro; os três projetos partem do zero, atendendo exclusivamente às regras da harmonia estética e à lógica impessoal da divisão funcional.

Nas três capitais imaginadas, Le Corbusier dá prioridade às funções sobre o espaço; tanto a lógica como a estética pedem clareza funcional a todos os detalhes da cidade. No espaço urbano, assim como na vida pessoal, é necessário distinguir e separar as funções do trabalho, vida doméstica, compras, diversão, culto, administração; cada função precisa de um lugar próprio, cada lugar devendo servir a uma e apenas uma função.

A arquitetura, de acordo com Le Corbusier, é — como a lógica e a beleza — inimiga nata de toda confusão, da espontaneidade, do caos, da desordem; a arquitetura é uma ciência afim da geometria, a arte da platônica sublimidade, da ordenação matemática, da harmonia; seus ideais são a linha contínua, as paralelas, o ângulo reto; seus princípios estratégicos são a padronização e a pré-fabricação. Para a Cidade Radiante do futuro, a norma da arquitetura consciente de sua vocação significaria portanto *a morte da rua* como a conhecemos — esse incoerente e contingente subproduto da história construtora, descoordenada e assincrônica, campo de batalha de usos incompatíveis, sítio do acidental e do ambíguo. As pistas da Cidade Radiante, assim como seus edifícios, serão destinadas a tarefas específicas; no seu caso, à tarefa exclusiva do tráfego, do transporte de pessoas e bens de um lugar funcionalmente determinado a outro, e essa função exclusiva será expurgada de todas as atuais perturbações causadas por caminhantes sem rumo, ociosos, gente a flanar ou simplesmente passantes ao acaso.

Le Corbusier sonhava com uma cidade na qual o domínio do "Plan dictateur" (ele escrevia a palavra "plano" sempre com "P" maiúsculo) sobre os moradores fosse completo e inquestionado. A autoridade do Plano, decorrente das verdades objetivas da lógica e da estética e nelas fundada, não tolera dissensão e controvérsia; não aceita argumentos que se refiram a ou busquem apoio em nada além dos rigores lógicos e estéticos. As ações do planejador urbano são pois, por natureza, imunes à comoção dos entusiasmos eleitorais e surdas às queixas de suas vítimas efetivas ou imaginárias. O "Plano" (sendo produto da razão impessoal, não uma ficção da imaginação individual, por mais brilhante e profunda) é a única condição — tanto necessária como suficiente — da felicidade humana, que só pode assentar-se no ajuste perfeito entre as necessidades humanas cientificamente definíveis e a disposição inequívoca, transparente e legível do espaço de vida.

*La ville radieuse* não passou de exercício no papel. Mas pelo menos um arquiteto e urbanista, Oscar Niemeyer, tentou materializar as palavras de Le Corbusier quando teve a chance. A oportunidade no caso foi uma comissão para erguer do nada, num vazio desértico e sem o fardo da história, uma nova capital que combinasse com a vastidão, a grandiosidade, os imensos recursos inexplorados e as ambições sem limite do Brasil. Essa capital, Brasília, foi o paraíso para o arquiteto modernista: ali, finalmente, surgia a oportunidade de varrer toda restrição e limitação, material ou sentimental, e deixar correr solta a fantasia arquitetônica.

No despovoado planalto central do Brasil seria possível moldar à vontade os habitantes da futura cidade, preocupando-se apenas com a fidelidade à lógica e à estética; e fazê-lo sem precisar comprometer, quanto mais sacrificar, a pureza de princípios a circunstâncias irrelevantes mas obstinadas de tempo e lugar. Podia-se calcular com precisão e bastante antecedência as "necessidades unitárias" ainda inarticuladas e incipientes; era possível compor, sem empecilho, os ainda inexistentes e portanto silenciosos e politicamente impotentes moradores da futura cidade como agregados de necessidades cientificamente definidas e cuidadosamente medidas de oxigênio, luz e energia.

Para os experimentalistas mais interessados num trabalho benfeito do que nos efeitos sobre aqueles que seriam afetados por suas ações, Brasília foi um imenso laboratório com pródigo financiamento no qual vários ingredientes de lógica e estética podiam ser misturados em variadas proporções, observando-se então as reações de forma não adulterada e selecionando-se a composição mais agradável. Como sugeriam as pressuposições do estilo Le Corbusier de modernismo arquitetônico, podia-se desenhar em Brasília um espaço na medida do homem (ou, para ser mais exato, de tudo o que é mensurável no homem), portanto um espaço do qual a surpresa e o acidente fossem eliminados e ao qual não pudessem voltar. Para seus moradores, porém, Brasília revelou-se um pesadelo. Logo foi cunhado por suas infelizes vítimas o conceito de "brasilite", nova síndrome patológica de que Brasília era o protótipo e o mais famoso epicentro até então.

Os sintomas mais notáveis de "brasilite", na opinião geral, eram a ausência de multidões e ajuntamentos, as esquinas vazias, o anonimato dos lugares, as figuras humanas sem rosto e a entorpecente monotonia de um ambiente desprovido de qualquer coisa que intrigasse, excitasse ou causasse perplexidade. O plano de Brasília eliminava a possibilidade de encontros fortuitos em quaisquer lugares que não os poucos especificamente destinados a reuniões com um propósito. Marcar um encontro no único "fórum" projetado, a enorme Praça dos Três Poderes, era o mesmo, segundo uma piada corrente, que marcar um encontro no deserto de Gobi.

Brasília era, talvez, um espaço perfeitamente estruturado para a instalação de homúnculos nascidos e alimentados em tubos de ensaio, para criaturas compostas de tarefas administrativas e definições legais. Era certamente (pela menos na intenção) um espaço perfeitamente transparente para aqueles encarregados da tarefa de administrar e para aqueles que definiam o conteúdo dessa tarefa. Com certeza, podia ser um espaço perfeitamente estruturado também para os residentes ideais e imaginários que identificassem a felicidade com uma vida sem problemas, uma vez que não comportava situações ambivalentes, nenhuma necessidade de escolha, nenhuma ameaça de risco ou possibilidade de aventura. Para todos os demais revelou-se um espaço desprovido de tudo o que é verdadeiramente humano — tudo o que dá sentido à vida e faz valer a pena viver.

Poucos urbanistas consumidos pela paixão modernizadora tiveram um campo tão vasto de ação como o que se ofereceu à imaginação de Niemeyer. A maioria teve que limitar seus voos de fantasia (embora não sua ambição) a experiências em pequena escala no espaço urbano: endireitando ou cercando aqui e ali o caos descuidado e fátuo da vida da cidade, corrigindo um ou outro erro ou omissão da história, enfiando um nichozinho de ordem bem protegido no universo existente do acaso — mas sempre com consequências igualmente limitadas, longe de abrangentes e em grande parte imprevisíveis.

## Agorafobia e o renascimento da localidade

Richard Sennett foi o primeiro analista da vida urbana contemporânea a dar o alarme sobre o iminente "declínio do homem público". Muitos anos atrás, ele notou a lenta mas inexorável redução do espaço público urbano e a retirada igualmente irrefreável dos habitantes da cidade (e a subsequente devastação) das pálidas sombras da ágora que escaparam à destruição.

No seu posterior e brilhante estudo sobre os "usos da desordem",[6] Richard Sennett evoca as descobertas de Charles Abrams, Jane Jacobs, Marc Fried e Herbert Gans — pesquisadores de temperamento variado mas de sensibilidade semelhante para a experiência da vida urbana e com discernimento investigativo — e ele mesmo pinta um quadro assustador do estrago causado às "vidas de pessoas reais em nome da realização de algum plano abstrato de desenvolvimento ou renovação". Sempre que foi empreendida a execução de tais planos, as tentativas de "homogeneizar" o espaço urbano, de torná-lo "lógico", "funcional" ou "legível" redundaram na desintegração das redes protetoras tecidas pelos laços humanos, na experiência fisicamente devastadora do abandono e da solidão — combinada com a de um vazio interior, um horror a desafios que a vida pode colocar e o expediente da ignorância ante opções autônomas e responsáveis.

A busca da transparência teve um preço espantoso. Num ambiente artificialmente concebido, calculado para garantir o anonimato e a especialização funcional do espaço, os habitantes da cidade enfrentaram um problema de identidade quase insolúvel. A monotonia impessoal e a pureza clínica do espaço artificialmente construído despojaram-nos da oportunidade de negociar significados e, assim, do *know-how* necessário para chegar a um acordo com esse problema e resolvê-lo.

A lição que os planificadores puderam aprender com a longa crônica dos sonhos grandiosos e dos abomináveis desastres que combinam para formar a história da arquitetura moderna foi que o segredo primordial de uma "boa cidade" é a oportunidade que ela dá às pessoas de assumir responsabilidade por seus atos "numa sociedade histórica imprevisível" e não "num mundo onírico de harmonia e ordem predeterminada". Quem quer que resolva operar a invenção de um espaço urbano guiado exclusivamente pelos preceitos da harmonia estética e da razão faria bem em ponderar primeiro que "os homens jamais podem se tornar bons simplesmente seguindo as boas ordens ou o bom plano de outros".

Podemos acrescentar que a responsabilidade, essa condição última e indispensável da moralidade nas relações humanas, encontraria no espaço perfeitamente planejado um solo infértil, senão inteiramente venenoso. Com toda a certeza, não brotaria nem medraria num espaço higienicamente puro, livre de surpresas, ambivalência e conflito. Só poderiam assumir sua responsabilidade as pessoas que tivessem dominado a difícil arte de agir sob condições de ambivalência e incerteza, nascidas da diferença e variedade. As pessoas moralmente maduras são aqueles seres humanos que cresceram a ponto "de precisar do desconhecido, de se sentirem incompletos sem uma certa anarquia em suas vidas", que aprenderam a "amar a 'alteridade'".

A experiência das cidades americanas analisadas por Sennett aponta para uma regularidade quase universal: a suspeita em relação aos outros, a intolerância face à diferença, o ressentimento com estranhos e a exigência de isolá-los e bani-los, assim como a preocupação histérica, paranoica com a "lei e a ordem", tudo isso tende a atingir o mais alto grau nas comunidades locais mais uniformes, mais segregadas dos pontos de vista racial, étnico e de classe.

Não admira que nessas localidades o apoio ao sentimento de grupo tende a ser procurado na ilusão da igualdade, garantida pela monótona similaridade de todos dentro do campo visual. A garantia de segurança tende a se configurar na ausência de vizinhos com pensamentos, atitudes e aparência diferentes. A uniformidade alimenta a conformidade e a outra face da conformidade é a intolerância. Numa localidade homogênea é extremamente difícil adquirir as qualidades de caráter e habilidades necessárias para lidar com a diferença humana e situações de incerteza; e na ausência dessas habilidades e qualidades é facílimo temer o outro, simplesmente por ser outro — talvez bizarro e diferente, mas primeiro e sobretudo não familiar, não imediatamente compreensível, não inteiramente sondado, imprevisível.

A cidade, construída originalmente em nome da segurança, para proteger de invasores mal intencionados os que moram intramuros, tornou-se em nossa época "associada mais com o perigo do que com a segurança", diz Nan Elin. Nos nossos tempos pós-modernos, "o fator medo certamente aumentou, como indicam o aumento dos carros fechados, das portas de casa e dos sistemas de segurança, a popularidade das comunidades 'fechadas' e 'seguras' em todas as faixas de idade e de renda e a crescente vigilância nos espaços públicos, para não falar nas intermináveis reportagens sobre perigo que aparecem nos veículos de comunicação de massa."[7]

Os medos contemporâneos, os "medos urbanos" típicos, ao contrário daqueles que outrora levaram à construção de cidades, concentram-se no "inimigo interior". Esse tipo de medo provoca menos preocupação com a integridade e a fortaleza da cidade *como um todo* — como propriedade coletiva e garante coletivo da segurança individual — do que com o isolamento e a fortificação do próprio lar *dentro* da cidade. Os muros construídos outrora em volta da cidade cruzam agora a própria cidade em inúmeras direções. Bairros vigiados, espaços públicos com proteção cerrada e admissão controlada, guardas bem armados no portão dos condomínios e portas operadas eletronicamente — tudo isso para afastar concidadãos indesejados, não exércitos estrangeiros, salteadores de estrada, saqueadores ou outros perigos desconhecidos emboscados extramuros.

Em vez da união, o evitamento e a separação tornaram-se as principais estratégias de sobrevivência nas megalópoles contemporâneas. Não há mais a questão de amar ou odiar o seu vizinho. Manter os vizinhos ao alcance da mão resolve o dilema e torna a opção desnecessária; isso afasta situações em que a opção entre o amor e o ódio se faz necessária.

### Existe vida depois do Panóptico?

Há poucas imagens alegóricas no pensamento social que se equiparem em poder persuasivo à do Panóptico. Michel Foucault usou o projeto abortado de Jeremy Bentham com grande efeito: como uma metáfora da transformação moderna, da moderna redistribuição dos poderes de controle. Com mais discernimento que muitos dos seus contemporâneos, Bentham viu diretamente através dos variegados invólucros dos poderes controladores a sua tarefa principal e comum, que era disciplinar mantendo uma ameaça constante, real e palpável de punição; e, através dos muitos nomes dados às maneiras pelas quais se exercia o poder, a sua estratégia básica e central, que era fazer os súditos acreditarem que em nenhum momento poderiam se esconder do olhar onipresente dos seus superiores, de modo que nenhum desvio de comportamento, por mais secreto, poderia ficar sem punição. No seu "tipo ideal", o Panóptico não permitiria qualquer espaço privado; pelo menos nenhum espaço privado *opaco*, nenhum sem supervisão ou, pior ainda, não passível de supervisão. Na cidade descrita por Zamiatin em *Nós*, todo mundo tinha um lar privado, mas as paredes das casas eram de vidro. Na cidade de Orwell em *1984*, todo mundo tinha um aparelho de TV particular, mas ninguém jamais tinha permissão para desligá-lo e ninguém podia saber em que momento o aparelho era usado como câmera pela emissora...

As técnicas panópticas, como assinalou Foucault, desempenharam um papel crucial na passagem dos mecanismos de integração de base local, autovigilantes e autorreguladores, feitos na medida das capacidades naturais dos olhos e ouvidos humanos, para a integração supralocal, administrada pelo Estado, de territórios muito mais vastos do que o alcance das faculdades naturais do homem. Essa última função pediu a assimetria da vigilância, vigilantes profissionais e a reorganização do espaço para que eles pudessem fazer o seu trabalho, tornando ciente a pessoa observada de que o trabalho estava sendo feito e podia ser feito a qualquer momento. Todas essas demandas foram quase inteiramente atendidas pelas grandes instituições disciplinadoras da modernidade "clássica" — acima de tudo as indústrias e os exércitos de recrutamento em massa, ambos dotados de áreas de captura quase universais.

Metáfora quase perfeita das facetas cruciais da modernização do poder e do controle, a imagem do Panóptico pode no entanto depender demais da imaginação sociológica, impedindo assim, em vez de facilitar, a percepção da natureza da mudança atual. Em detrimento da análise, ficamos naturalmente inclinados a ver nos arranjos contemporâneos do poder uma nova e melhorada versão das velhas e basicamente inalteradas técnicas panópticas. Tendemos a subestimar o fato de que a maioria da população não tem mais a necessidade nem a chance de ser arrastada pelos campos de treinamento de outrora. Também tendemos a esquecer os desafios peculiares do processo modernizador que tornaram as estratégias panópticas factíveis e atraentes. Os desafios de hoje são diferentes e, na tarefa de enfrentar muitos deles, talvez os mais importantes, as estratégias panópticas ortodoxas, se perseguidas com vigor excessivo, quase certamente se revelariam irrelevantes ou inteiramente contraproducentes.

No seu brilhante ensaio sobre os bancos de dados eletrônicos como uma versão ciberespacial atualizada do Panóptico, Mark Poster diz que "nossos corpos são fisgados dentro das redes, dos bancos de dados, nas autoestradas da informação" — e assim todos esses locais de armazenamento de informação onde nossos corpos são, por assim dizer, "amarrados informaticamente" "não mais oferecem refúgio à observação ou uma barreira em torno da qual se possa traçar uma linha de resistência". A armazenagem de quantidades maciças de dados, ampliadas a cada uso de um cartão de crédito e virtualmente a cada ato de compra, resulta, segundo Poster, num "superpanóptico" — mas com uma diferença: os vigiados, fornecendo os dados a armazenar, são fatores primordiais — e *voluntários* — da vigilância. É verdade que a quantidade de informação armazenada sobre elas faz as pessoas ficarem preocupadas; a revista *Time* descobriu que 70 a 80 por cento dos seus leitores estavam "muito ou um tanto preocupados" em 1991 — mais com informações coletadas pelo governo e empresas de crédito e seguros, menos com dados armazenados por empregadores, bancos e empresas de *marketing*. Em vista de tudo isso, Poster se pergunta por que "a ansiedade com os bancos de dados ainda não se tornou uma questão de importância política nacional".[8]

Mas por que deveríamos nos preocupar...? Examinando mais de perto, a aparente similaridade entre o Panóptico de Foucault e os bancos de dados contemporâneos parece em grande parte bem superficial. O principal propósito do Panóptico era instilar a disciplina e impor um padrão uniforme ao comportamento dos internos; o Panóptico era antes e acima de tudo uma arma contra a diferença, a opção e a variedade. Semelhante objetivo não se coloca ao banco de dados e seus usuários em potencial. Bem ao contrário — são as empresas de crédito e marketing quem mais aciona e utiliza os bancos de dados e o que buscam é garantir a confirmação pelos arquivos da "credibilidade" das pessoas listadas, sua confiabilidade como clientes e *eleitores*, e que os incapazes de escolha sejam peneirados antes que causem danos ou se desperdicem recursos; com efeito, *ser incluído* no banco de dados é a condição primordial da "credibilidade" e este é o meio de acesso à "melhor oportunidade local". O Panóptico laçava seus internos como produtores e/ou soldados, dos quais se esperava e exigia uma conduta monótona e rotineira; o banco de dados registra os consumidores confiáveis e dignos de crédito, eliminando todo o restante que não deve ser levado em conta no jogo do consumo simplesmente pelo fato de não haver nada a registrar sobre suas atividades. A principal função do Panóptico era garantir que ninguém pudesse *escapar* do espaço estreitamente vigiado; a principal função do banco de dados é garantir que nenhum intruso *entre* aí sob falsas alegações e sem credenciais adequadas. Quanto mais informação sobre você contenha o banco de dados, mais livremente você poderá se movimentar. O banco de dados é um instrumento de seleção, separação e exclusão. Ele segura na peneira os globais e deixa passar os locais. Algumas pessoas ele admite no ciberespaço extraterritorial, fazendo com que se sintam à vontade onde quer que se encontrem e sejam bem-vindas onde quer que cheguem; outras têm seu passaporte e vistos de trânsito confiscados, sendo impedidas de perambular pelos espaços reservados aos residentes do ciberespaço. Mas este último efeito é subsidiário e complementar do primeiro. Ao contrário do Panóptico, o banco de dados é um veículo de mobilidade, não grilhões a imobilizar as pessoas.

Pode-se também considerar o destino histórico do Panóptico de uma perspectiva diferente. Numa frase memorável de Thomas Mathiesen, a introdução do poder panóptico representou uma transformação fundamental: *de uma situação em que muitos vigiam poucos para uma situação em que poucos vigiam muitos*.[9] No exercício do poder, a vigilância substituiu o espetáculo. Nos tempos pré-modernos, o poder costumava impor-se ao *populus* deixando os plebeus observarem com espanto, medo e admiração a sua pompa, riqueza e esplendor. O novo poder moderno preferia ficar na sombra, observando os súditos, em vez de ser observado por eles. Mathiesen censura Foucault por não dar a devida atenção ao processo moderno paralelo: o desenvolvimento de novas técnicas de poder, que consistem — ao contrário — em muitos (como nunca antes na história) vigiarem poucos. Refere-se, naturalmente, à ascensão crescente dos meios de comunicação de massa — sobretudo a televisão —, o que leva à criação, junto com o Panóptico, de outro mecanismo de poder que chama, em mais um achado, de *Sinóptico*. Considere-se, porém, o seguinte. O Panóptico, mesmo quando sua aplicação era universal e quando as instituições que seguiam os seus princípios abrangiam o grosso da população, era por sua natureza um estabelecimento local: tanto a condição como os efeitos da instituição panóptica consistiam na *imobilização* dos seus súditos — a vigilância estava lá para barrar a fuga ou pelo menos para impedir movimentos autônomos, contingentes e erráticos. O Sinóptico é, por sua natureza, global; o ato de vigiar desprende os vigilantes de sua localidade, transporta-os pelo menos espiritualmente ao ciberespaço, no qual não mais importa a distância, ainda que fisicamente permaneçam no lugar. Não importa mais se os alvos do Sinóptico, que agora deixaram de ser os *vigiados* e passaram a ser os *vigilantes*, se movam ou fiquem parados. Onde quer que estejam e onde quer que vão, eles podem ligar-se — e se ligam — na rede extraterritorial que faz muitos vigiarem poucos. O Panóptico *forçava* as pessoas à posição em que podiam ser vigiadas. O Sinóptico não precisa de coerção — ele *seduz* as pessoas à vigilância. E os poucos que os vigilantes vigiam são estritamente selecionados. Nas palavras de Mathiesen,

> sabemos quem tem permissão de penetrar de fora o meio de comunicação para expressar suas opiniões. Alguns estudos internacionais e noruegueses mostraram que, sistematicamente, são pessoas que pertencem às *elites internacionais*. Os que têm permissão de entrar são, sistematicamente, homens — não mulheres — das camadas sociais mais elevadas, com poder na vida política, na indústria privada e na burocracia estatal.

A elogiadíssima "interatividade" do novo veículo é um grande exagero; deveriam antes falar num "meio interativo *one-way*". Ao contrário do que costumam acreditar os acadêmicos, eles próprios integrantes da nova elite global, a Internet e a Web não são para qualquer um, e é improvável que jamais venham a se abrir para o uso universal. Mesmo aqueles que têm acesso são autorizados a fazer opções dentro do quadro estabelecido pelos provedores, que os convidam a "gastar tempo e dinheiro escolhendo entre os inúmeros pacotes que eles oferecem". Quanto aos demais, abandonados à rede de TV por satélite ou a cabo, sem qualquer pretensão de simetria entre os dois lados da tela, o seu quinhão é a pura e simples observação. E o que é que observam? Muitos observam poucos. Os poucos que são observados são as celebridades. Podem ser do mundo da política, do esporte, da ciência, do espetáculo ou apenas especialistas em informação famosos. De onde quer que venham, no entanto, todas as celebridades exibidas colocam em exibição o mundo das celebridades — um mundo cuja principal característica é precisamente a condição de ser observado... por muitos e em todos os cantos do globo, de ser global na sua qualidade de observado. O que quer que falem quando estão no ar, passam a mensagem de um estilo de vida total. A vida *delas*, o *estilo de vida* delas. Questionar o impacto que essa mensagem pode ter sobre os espectadores "é menos parecido com questionar os medos e esperanças preconcebidos e mais com questionar os 'efeitos' do cristianismo sobre a visão de mundo da pessoa ou — como *questionaram* os chineses — do confucionismo sobre a moralidade pública."[10]

No Panóptico, alguns residentes locais selecionados observavam outros moradores locais (e, antes do advento do Panóptico, habitantes locais comuns observavam os selecionados dentre eles). No Sinóptico, os habitantes locais observam os globais. A autoridade destes últimos é garantida por seu próprio distanciamento; os globais não são literalmente "deste mundo", mas sua flutuação acima dos mundos locais é muito mais visível, de forma diária e intrusa, que a dos anjos que outrora pairavam sobre o mundo cristão: simultaneamente inacessíveis e dentro do raio de visão, sublimes e mundanos, infinitamente superiores mas dando um brilhante exemplo para todos os inferiores seguirem ou sonharem em seguir; admirados e cobiçados ao mesmo tempo — uma realeza que guia, em vez de mandar.

Segregados e separados na terra, os habitantes locais encontram os globais através das transmissões regulares do céu pela TV. Os ecos do encontro reverberam globalmente, abafando todos os sons locais mas refletidos pelos muros locais, cuja impenetrável solidez de presídio é assim revelada e reforçada.

# 3
# Depois da Nação-estado, o quê?

"Numa geração anterior, a política social baseava-se na crença de que as nações, e dentro delas as cidades, podiam controlar suas riquezas; agora, abre-se uma divisão entre Estado e economia", observa Richard Sennett.[1]

Com a velocidade geral de movimento ganhando impulso — com a "compressão" de tempo/espaço enquanto tais, como assinala David Harvey — alguns objetos movem-se mais rápido que outros. "A economia" — o capital, que significa dinheiro e outros recursos necessários para fazer as coisas, para fazer mais dinheiro e mais coisas — move-se rápido; rápido o bastante para se manter permanentemente um passo adiante de qualquer Estado (territorial, como sempre) que possa tentar conter e redirecionar suas viagens. Neste caso, pelo menos, a redução do tempo de viagem a zero produz uma nova qualidade: uma total aniquilação das restrições espaciais, ou melhor, a total "superação da gravidade". O que quer que se mova a uma velocidade aproximada à do sinal eletrônico é praticamente livre de restrições relacionadas ao território de onde partiu, ao qual se dirige ou que atravessa.

Um recente comentário de Martin Woollacott capta bem as consequências dessa emancipação:

> O conglomerado sueco-suíço Asea Brown Boveri anunciou que reduziria sua força de trabalho na Europa ocidental em 57.000 pessoas e criaria mais empregos na Ásia. A Electrolux, em seguida, anunciou que reduzirá a sua força de trabalho global em 11 por cento, sobretudo na Europa e na América do Norte. A Pilkington Glass também anunciou cortes

significativos. Em apenas dez dias, três empresas europeias cortaram empregos em escala suficiente para se equiparar aos números mencionados nas propostas dos novos governos francês e britânico para criação de empregos... Sabe-se que a Alemanha perdeu 1 milhão de empregos em cinco anos e que suas empresas estão ocupadas construindo fábricas na Europa oriental, na Ásia e na América Latina. Se a indústria europeia ocidental está se mudando maciçamente para fora da Europa ocidental, então todos esses argumentos sobre a melhor política governamental face ao desemprego têm que ser vistos como de importância limitada.[2]

Fazer o balanço do que outrora parecia o cenário indispensável de todo o pensamento econômico — a *Nationalökonomie* — está se tornando cada vez mais uma ficção contábil. Como assinala Vincent Cable no seu recente folheto *Demos*, "já não é mais óbvio definir o Banco Midland ou o ICL como britânicos (ou, aliás, empresas como a British Petroleum, a British Airways, a British Gas ou a British Telecom)... Num mundo em que o capital não tem domicílio fixo e os fluxos financeiros estão bem além do controle dos governos nacionais, muitas das alavancas da política econômica não mais funcionam."[3] E Alberto Melucci diz que a influência crescente das organizações supranacionais — "planetárias" — "teve por efeito acelerar a exclusão das áreas fracas e criar novos canais para a alocação de recursos, retirados, pelo menos em parte, ao controle dos vários Estados nacionais".[4]

Nas palavras de G.H. von Wright, a "nação-estado parece que se está desgastando ou talvez 'definhando'. As forças erosivas são *transnacionais*." Uma vez que as nações-estados continuam sendo as únicas estruturas para um balanço e as únicas fontes de iniciativa política efetiva, a "transnacionalidade" das forças erosivas coloca-as fora do reino da ação deliberada, propositai e potencialmente racional. Como tudo o que elide essa ação, tais forças, suas formas e ações são ofuscadas na névoa do mistério; são objetos de adivinhação e não de análise confiável. Como coloca Wright,

As forças modeladoras do caráter transnacional são em boa parte anônimas e portanto difíceis de identificar. Não formam um sistema ou ordem unificados. São um aglomerado de sistemas manipulados por atores em grande parte "invisíveis" ... [Não há] unidade ou coordenação proposital das forças em questão ... [O] "mercado" não é tanto uma interação de barganha de forças competidoras quanto pressões de demandas manipuladas, artificialmente criadas, e desejo de lucro rápido.[5]

Tudo isso cerca o processo em curso de "definhamento" das nações-estados de uma aura de catástrofe natural. Suas causas não são plenamente compreendidas; ele não pode ser previsto com exatidão mesmo que as causas sejam conhecidas; e com certeza não pode ser evitado, mesmo que previsto. A sensação de incômodo, uma reação que era de esperar numa situação sem alavancas de controle óbvias, foi captada de maneira clara e incisiva no título do livro de Kenneth Jowitt — *A nova desordem mundial*. Ao longo de toda a era moderna nos acostumamos com a ideia de que a ordem é equivalente a "estar no controle". É dessa suposição — quer bem fundada ou meramente ilusória — de "estar no controle" que mais sentimos falta.

A "nova desordem mundial" dos dias de hoje não pode ser explicada meramente pela circunstância que constitui a razão mais óbvia e imediata da sensação de pasmo e perplexidade: a saber, a confusão de "dia seguinte" produzida pelo fim abrupto do Grande Cisma e o súbito colapso da rotina política dos blocos de poder — mesmo que tenha sido esse colapso que deu o alerta da "nova desordem". A imagem da desordem global reflete, antes, a nova consciência (facilitada mas não necessariamente causada pela morte súbita da política de blocos) da natureza essencialmente elementar e contingente das coisas que anteriormente pareciam tão firmemente controladas ou pelo menos "tecnicamente controláveis".

Antes do colapso do bloco comunista, a natureza contingente, errática e volúvel do estado de coisas global não era tão inexistente assim, mas retirada de foco pela reprodução diária do equilíbrio entre as potências mundiais, que consumia todas as energias e pensamentos. Dividindo o mundo, a política de poder produzia a imagem da totalidade. Nosso mundo comum tornava-se total com a atribuição a cada canto ou buraco do planeta de uma importância na "ordem global das coisas" — isto é, no conflito entre os dois campos de poder e no equilíbrio meticulosamente preservado mas sempre precário. O mundo era uma totalidade na medida em que nada havia nele que pudesse escapar a uma importância nessa ordem de coisas, de modo que nada podia ser indiferente do ponto de vista do equilíbrio entre as duas potências que se apropriavam de uma parte considerável do mundo e lançavam o resto na sombra dessa apropriação. Tudo no mundo tinha um significado e esse significado emanava de um centro dividido mas único — dos dois enormes blocos de poder presos e colados um ao outro em combate total. Com o Grande Cisma fora do caminho, o mundo não parece mais uma totalidade e, sim, um campo de forças dispersas e díspares, que se reúnem em pontos difíceis de prever e ganham impulso sem que ninguém saiba realmente como pará-las.

Em poucas palavras: *ninguém parece estar no controle agora*. Pior ainda — não está claro o que seria, nas circunstâncias atuais, "ter o controle". Como antes, todas as iniciativas e ações de ordenação são locais e orientadas para questões específicas; mas não há mais uma localidade com arrogância bastante para falar em nome da humanidade como um todo ou para ser ouvida e obedecida pela humanidade ao se pronunciar. Nem há uma questão única que possa captar e teleguiar a totalidade dos assuntos mundiais e impor a concordância global.

### Universalizando... ou sendo globalizado?

Esta nova e desconfortável percepção das "coisas fugindo ao controle" é que foi articulada (com pouco benefício para a clareza intelectual) num conceito atualmente na moda: o de *globalização*. O significado mais profundo transmitido pela ideia da globalização é o do caráter indeterminado, indisciplinado e de autopropulsão dos assuntos mundiais; a ausência de um centro, de um painel de controle, de uma comissão diretora, de um gabinete administrativo. A globalização é a "nova desordem mundial" de Jowitt com um outro nome.

Esse caráter, inseparável da imagem da globalização, coloca-a radicalmente à parte de outra ideia que aparentemente substituiu, a da "universalização", outrora constitutiva do discurso moderno sobre as questões mundiais mas agora caída em desuso e raramente mencionada, talvez mesmo no geral esquecida, exceto pelos filósofos.

Assim como os conceitos de "civilização", "desenvolvimento", "convergência", "consenso" e muitos outros termos chaves do pensamento moderno inicial e clássico, a ideia de "universalização" transmitia a esperança, a intenção e a determinação de se produzir a ordem; além do que os outros termos afins assinalavam, ela indicava uma ordem *universal* — a *produção* da ordem numa escala universal, verdadeiramente global. Como os outros conceitos, a ideia de universalização foi cunhada com a maré montante dos recursos das potências modernas e das ambições intelectuais modernas. Toda a família de conceitos anunciava em uníssono a vontade de tornar o mundo diferente e melhor do que fora e de expandir a mudança e a melhoria em escala global, à dimensão da espécie. Além disso, declarava a intenção de tornar semelhantes as condições de vida de todos, em toda parte, e, portanto, as oportunidades de vida para todo mundo; talvez mesmo torná-las iguais.

Nada disso restou no significado de globalização, tal como formulado no discurso atual. O novo termo refere-se primordialmente aos *efeitos* globais, notoriamente não pretendidos e imprevistos, e não às *iniciativas* e *empreendimentos* globais.

Sim, ele diz: nossas ações podem ter e muitas vezes têm mesmo efeitos globais; mas não, nós não temos nem sabemos bem como obter os meios de planejar e executar ações globalmente. A "globalização" não diz respeito ao que todos nós, ou pelo menos os mais talentosos e empreendedores, desejamos ou esperamos *fazer*. Diz respeito *ao que está acontecendo a todos nós*. A ideia de "globalização" refere-se explicitamente às "forças anônimas" de von Wright operando na vasta "terra de ninguém" — nebulosa e lamacenta, intransitável e indomável — que se estende para além do alcance da capacidade de desígnio e ação de quem quer que seja em particular.

Como é que essa vastidão inculta feita pelo homem (não a terra inculta "natural" que a modernidade se dispôs a conquistar e domar, mas, parafraseando a frase feliz de Anthony Giddens, uma "selva *manufaturada*", a terra inculta pós-domesticada que surgiu *após* a conquista e como resultado dela) saltou à vista? E por que adquiriu esse formidável poder de obstinação e resistência que desde Durkheim é considerado o traço definidor da "dura realidade"?

Uma explicação plausível é a crescente experiência da fraqueza, mesmo da impotência, dos agentes ordenadores habituais, tidos como seguros.

Entre esses, o orgulho do lugar pertenceu, em toda a era moderna, ao Estado. (Somos tentados a dizer: ao Estado *territorial*; mas as ideias de Estado e de "soberania territorial" tornaram-se sinônimas na prática e na teoria modernas, de modo que a expressão "Estado territorial" tornou-se um pleonasmo.) O significado de "Estado" foi precisamente o de um agente que reivindicava o direito legítimo de e se gabava dos recursos suficientes para estabelecer e impor as regras e normas que ditavam o rumo dos negócios num certo território; regras e normas que, esperava-se, transformassem a contingência em determinação, a ambivalência em *Eindeutigkeit* [clareza], o acaso em regularidade — em suma, a floresta primeva em um jardim cuidadosamente planejado, o caos em ordem.

Ordenar um setor do mundo passou a significar: estabelecer um Estado dotado de soberania para fazer exatamente isso. Também significava necessariamente a ambição de impor um certo modelo de ordem preferido em vez de outros modelos alternativos. Isso só podia ser realizado com a aquisição do veículo estatal ou com a captura da direção do Estado existente.

Max Weber definiu o Estado como o agente que reivindica o monopólio dos meios de coerção e do uso deles em seu território soberano. Cornelius Castoriadis alerta contra o hábito muito difundido de confundir o Estado com o poder social enquanto tal: "Estado", insiste ele, refere-se a uma forma específica de distribuir e condensar o poder social, precisamente tendo em mente a capacidade reforçada de "ordenar". "O Estado", diz Castoriadis, "é uma entidade *separada* da coletividade e instituída de modo tal a garantir a permanência dessa separação." Deveríamos reservar o nome "Estado" "para os casos em que ele é instituído na forma de *Aparelho de Estado* — o que implica uma 'burocracia' separada, civil, clerical ou militar, ainda que rudimentar: em outras palavras, uma organização hierárquica com área de competência delimitada."[6]

Assinalemos, no entanto, que essa "separação do poder social em relação à coletividade" não foi de forma alguma um acontecimento casual, um desses caprichos da história. A tarefa de produzir a ordem requer imensos e contínuos esforços para depurar, transferir e condensar o poder social, o que por sua vez exige recursos consideráveis que *somente* o Estado, na forma de um aparelho burocrático hierárquico, é capaz de reunir, concentrar e usar. Por necessidade, a soberania legislativa e executiva do Estado moderno apoiou-se no "tripé" das soberanias militar, econômica e cultural; em outras palavras, no domínio estatal dos recursos outrora utilizados pelos focos difusos de poder social, mas todos agora necessários para sustentar a instituição e a manutenção da ordem administrada pelo Estado. Uma eficiente capacidade ordenadora era impensável a menos que apoiada na capacidade de defender com eficiência o território contra os desafios de outros modelos de ordem, tanto internos como externos ao reino; na capacidade de fazer o balanço da *Nationalö-*

*konomie* e de reunir recursos culturais suficientes para sustentar a identidade e distinção do Estado através da distinta identidade dos seus súditos.

Só umas poucas populações que aspiravam à soberania de um Estado próprio eram grandes o bastante e tinham a capacidade necessária para passar num teste tão exigente e assim contemplar a soberania e a condição estatal como uma perspectiva *realista*. Por essa razão, foram relativamente poucas as vezes em que a tarefa de ordenação foi empreendida e executada primordialmente, talvez exclusivamente, através do agente estatal soberano — eram poucos os Estados. Além disso, o estabelecimento de qualquer Estado soberano exigia em regra a supressão das ambições de formação de um Estado por muitas populações menores, solapando ou expropriando mesmo o pouco que tivessem de capacidade militar incipiente, de autossuficiência econômica e de especificidade cultural.

Nessas circunstâncias, a "cena global" era o teatro da política *interestatal*, que — através de conflitos armados, de acordos ou ambas as coisas — visava antes e acima de tudo a traçar e preservar ("garantindo internacionalmente") as fronteiras que separavam e encerravam o território de soberania legislativa e executiva de cada Estado. A "política global", na medida em que a política externa dos Estados soberanos tinha algum horizonte global, concernia sobretudo à sustentação do princípio de plena e inconteste soberania de cada Estado sobre o seu território, com a eliminação dos poucos "espaços vazios" que restassem no mapa do planeta, e o afastamento do perigo da ambivalência decorrente da ocasional superposição de soberanias ou de importantes reivindicações territoriais. Num tributo indireto mas enfático a essa visão, a principal decisão tomada por unanimidade na primeira sessão da Organização da Unidade Africana foi proclamar sacrossantas e imutáveis as fronteiras de todo Estado novo — que, concordavam todos, eram produtos totalmente artificiais da herança colonial. A imagem da "ordem global" reduzia-se, em suma, ao total das ordens locais, cada uma eficientemente mantida e policiada por um e apenas um Estado territorial. Esperava-se que todos os Estados acorressem em defesa dos direitos de polícia uns dos outros.

Dois blocos de poder foram sobrepostos por quase meio século ao dividido mundo dos Estados soberanos. Cada um dos blocos promoveu uma crescente coordenação entre as ordens administradas pelo Estado no reino da sua respectiva "metassoberania", baseada na suposição da insuficiência militar, econômica e cultural de cada Estado. Gradual mas inexoravelmente, promoveu-se um novo princípio de integração *supra*estatal — mais rápido na prática política do que na teoria. O "cenário global" era visto cada vez mais como o teatro da coexistência e da competição entre *grupos de Estados* e não entre os próprios Estados.

A iniciativa tomada na conferência de Bandung de criar um incongruente "bloco dos sem bloco", com os recorrentes esforços de alinhamento empreendidos depois pelos Estados não alinhados, era um reconhecimento indireto daquele princípio. A iniciativa foi, no entanto, firme e eficientemente solapada pelos dois superblocos, que concordavam pelo menos num ponto: ambos tratavam o resto do mundo como o equivalente, no século XX, dos "espaços vazios" da corrida de construção e fechamento dos Estados no século XIX. O não alinhamento, a recusa de se unir a um ou outro dos dois superblocos, o obstinado apego ao princípio antiquado e cada vez mais obsoleto da suprema soberania do Estado era visto como o equivalente, na era dos blocos, daquela ambivalente "terra de ninguém" combatida com unhas e dentes pelos Estados modernos, competitivamente mas em uníssono, no seu estágio de formação.

A superestrutura política da era do Grande Cisma desviava a atenção para as divergências mais profundas e — como agora ficou claro — mais duradouras e essenciais no mecanismo de ordenação. A mudança afetou acima de tudo o papel do Estado. Os três pés do "tripé da soberania" foram quebrados sem esperança de conserto. A autossuficiência militar, econômica e cultural do Estado — de qualquer Estado —, sua própria autossustentação, deixou de ser uma perspectiva viável. Para preservar sua capacidade de policiar a lei e a ordem, os Estados tiveram que buscar alianças e entregar voluntariamente pedaços cada vez maiores de sua soberania. E quando a cortina foi afinal descerrada, descobriu-se um cenário desconhecido, povoado por estranhas personagens.

Havia agora Estados que, longe de serem forçados a desistir de seus direitos soberanos, tentavam com todo afã abrir mão deles e imploravam que sua soberania lhes fosse tirada e dissolvida em formações supraestatais. Havia "etnias" esquecidas ou de que nunca se ouvira falar — mortas há muito tempo e renascidas ou antes inexistentes e agora devidamente inventadas —, muitas vezes pequenas demais, carentes e incompetentes demais para passar em qualquer dos testes tradicionais de soberania, mas mesmo assim a reivindicar Estado próprio, com todo o aparato de soberania política e o direito de legislar e policiar a ordem no seu próprio território. Havia novas ou velhas nações escapando das gaiolas federalistas em que tinham sido encarceradas contra a vontade pela hoje extinta superpotência comunista, mas usando sua recém-adquirida liberdade de decidir apenas para buscar a dissolução de sua independência política, econômica e militar no Mercado Comum Europeu e na aliança da OTAN.[7] A nova oportunidade representada pelo desprezo das duras e exigentes condições do Estado foi usada por dezenas de "novas nações" numa corrida para instalar seus próprios escritórios no já superlotado edifício da ONU, não projetado para acomodar um número tão grande de "iguais".

Paradoxalmente, foi a *morte* da soberania do Estado, não o seu triunfo, que tornou tão popular a ideia da condição estatal. Na cáustica estimativa de Eric Hobsbawm, uma vez que as ilhas Seichelles podem ter nas Nações Unidas um voto com o mesmo peso do Japão, "a maioria dos membros da ONU logo consistirá provavelmente de equivalentes (republicanos), no final do século XX, dos Saxe-Coburg-Gotha e Schwarzburg-Sonderhausen".[8]

## A nova expropriação: dessa vez, do Estado

Com efeito, não se espera mais que os novos Estados, exatamente como os mais antigos na sua condição atual, exerçam muitas das funções outrora consideradas a razão de ser das burocracias da nação-estado. A função mais notória abandonada pelo Estado ortodoxo ou arrancada de suas mãos foi a manutenção do "equilíbrio dinâmico" que Castoriadis descreve como uma "igualdade aproximada entre os ritmos de crescimento do consumo e de elevação da produtividade" — tarefa que levou os Estados soberanos em diversas épocas a impor intermitentes proibições de importação ou exportação, barreiras alfandegárias ou estimulação estatal keynesiana da demanda interna.[9] Qualquer controle desse "equilíbrio dinâmico" está hoje além do alcance e mesmo das ambições da imensa maioria dos Estados de outro modo soberanos (estritamente no sentido de policiamento da ordem). A própria distinção entre o mercado interno e o global ou, mais genericamente, entre o "interior" e o "exterior" do Estado, é extremamente difícil de manter senão no sentido mais estreito, de "policiamento do território e da população".

O tripé da soberania foi abalado nos três pés. Claro, a perna econômica foi a mais afetada. Já incapazes de se manter se guiados apenas pelos interesses politicamente articulados da população do reino político soberano, as nações-estados tornam-se cada vez mais executoras e plenipotenciárias de forças que não esperam controlar politicamente. No veredito incisivo do radical analista político latino-americano, graças à nova "porosidade" de todas as economias supostamente "nacionais" e à condição efêmera, ilusória e extraterritorial do espaço em que operam, os mercados financeiros globais "impõem suas leis e preceitos ao planeta. A 'globalização' nada mais é que a extensão totalitária de sua lógica a todos os aspectos da vida." Os Estados não têm recursos suficientes nem liberdade de manobra para suportar a pressão — pela simples razão de que "alguns minutos bastam para que empresas e até Estados entrem em colapso":

No cabaré da globalização, o Estado passa por um *strip-tease* e no final do espetáculo é deixado apenas com as necessidades básicas: seu poder de repressão. Com sua base material destruída, sua soberania e independência anuladas, sua classe política apagada, a nação-estado torna-se um mero serviço de segurança para as megaempresas... Os novos senhores do mundo não têm necessidade de governar diretamente. Os governos nacionais são encarregados da tarefa de administrar os negócios em nome deles.[10]

Devido à total e inexorável disseminação das regras de livre mercado e, sobretudo, ao livre movimento do capital e das finanças, a "economia" é progressivamente isentada do controle político; com efeito, o significado primordial do termo "economia" é o de "área não política". O que quer que restou da política, espera-se, deve ser tratado pelo Estado, como nos bons velhos tempos — mas o Estado não deve tocar em coisa alguma relacionada à vida econômica: qualquer tentativa nesse sentido enfrentaria imediata e furiosa punição dos mercados mundiais. A impotência econômica do Estado seria então mais uma vez flagrantemente exposta para horror da equipe governante. De acordo com os cálculos de René Passat,[11] as transações financeiras intercambiais puramente especulativas alcançam um volume diário de US$ 1,3 bilhão — cinquenta vezes mais que o volume de trocas comerciais e quase o mesmo que a soma das reservas de todos os "bancos centrais" do mundo, que é de US$ 1,5 bilhão. "Nenhum Estado", conclui Passat, "pode portanto resistir por mais de alguns dias às pressões especulativas dos 'mercados'."

A única tarefa econômica permitida ao Estado e que se espera que ele assuma é a de garantir um "orçamento equilibrado", policiando e controlando as pressões locais por intervenções estatais mais vigorosas na direção dos negócios e em defesa da população face às consequências mais sinistras da anarquia de mercado. Como assinalou recentemente Jean-Paul Fitoussi,

Tal programa, no entanto, não pode ser executado a não ser que a economia, de uma maneira ou de outra, seja retirada do campo da política. Certamente um Ministério da Fazenda continua sendo um mal necessário, mas idealmente se poderia ter um Ministério dos Assuntos Econômicos (isto é, que governasse a economia). Em outras palavras, o governo deveria ser despojado de sua responsabilidade pela política macroeconômica.[12]

Ao contrário de opiniões sempre repetidas (embora não mais verdadeiras por isso), não há contradição lógica nem pragmática entre a nova extraterritorialidade do capital (absoluta no caso das finanças, quase total no caso do comércio e bem avançada no da produção industrial) e a nova proliferação de Estados soberanos frágeis e impotentes. A corrida para criar novas e cada vez mais fracas entidades territoriais "politicamente independentes" não vai contra a natureza das tendências econômicas globalizantes; a fragmentação política não é um "trava na roda" da "sociedade mundial" emergente, unida pela livre circulação de informação. Ao contrário, parece haver uma íntima afinidade, mútuo condicionamento e reforço entre a "globalização" de todos os aspectos da economia e a renovada ênfase do "princípio territorial".

Por sua independência de movimento e irrestrita liberdade para perseguir seus objetivos, as finanças, comércio e indústria de informação globais dependem da fragmentação política — do *morcellement* [retalhamento] — do cenário mundial. Pode-se dizer que todos têm interesses adquiridos nos "Estados fracos" — isto é, nos Estados que são *fracos* mas mesmo assim *continuam sendo Estados*. Deliberada ou subconscientemente, esses interEstados, instituições supralocais que foram trazidas à luz e têm permissão de agir com o consentimento do capital mundial, exercem pressões coordenadas sobre todos os Estados membros ou independentes para sistematicamente destruírem tudo que possa deter ou limitar o livre movimento de capitais e restringir a liberdade de mercado. Abrir de par em par os portões e abandonar qualquer ideia de política econômica autônoma é a condição preliminar, docilmente obedecida, para receber assistência econômica dos bancos mundiais e fundos monetários internacionais. Estados fracos são precisamente o que a Nova Ordem Mundial, com muita frequência encarada com suspeita como uma nova *desordem* mundial, precisa para sustentar-se e reproduzir-se. Quase-Estados, Estados fracos podem ser facilmente reduzidos ao (útil) papel de distritos policiais locais que garantem o nível médio de ordem necessário para a realização de negócios, mas não precisam ser temidos como freios efetivos à liberdade das empresas globais.

A separação entre economia e política e a proteção da primeira contra a intervenção regulatória da segunda, o que resulta na perda de poder da política como um agente efetivo, auguram muito mais que uma simples mudança na distribuição do poder social. Como assinala Claus Offe, o agente político como tal — "a capacidade de fazer opções coletivamente impositivas e executá-las" — tornou-se problemático. "Em vez de perguntar o que deve ser feito, devemos com mais proveito investigar se há alguém capaz de fazer o que deve ser feito." Uma vez que "as fronteiras se tornaram permeáveis" (de maneira altamente seletiva, com certeza), "as soberanias tornaram-se nominais, o poder anônimo e o lugar, vazios". Ainda estamos bem longe do destino final; o processo continua, aparentemente de forma inexorável. "O padrão dominante pode ser descrito como 'afrouxamento dos freios': desregulamentação, liberalização, flexibilidade, fluidez crescente e facilitação das transações nos mercados financeiros imobiliário e trabalhista, alívio da carga tributária etc."[13] Quanto mais consistente a aplicação desse padrão, menos poder é retido nas mãos do agente que o promove e menos ele poderá, por ter cada vez menos recursos, evitar aplicá-lo caso o deseje ou seja pressionado a fazê-lo.

Uma das consequências mais fundamentais da nova liberdade global de movimento é que está cada vez mais difícil, talvez até mesmo impossível, reunir questões sociais numa efetiva ação coletiva.

## A hierarquia global da mobilidade

Lembremos mais uma vez o que Michel Cozier assinalou muitos anos atrás no seu pioneiro estudo sobre *O fenômeno burocrático*: toda dominação consiste na busca de uma estratégia essencialmente semelhante — deixar a máxima liberdade de manobra ao dominante e impor ao mesmo tempo as restrições mais estritas possíveis à liberdade de decisão do dominado.

Essa estratégia foi outrora aplicada com sucesso por governos estatais, que agora no entanto se encontram do outro lado do processo. Agora é a conduta dos "mercados" — primordialmente das finanças mundiais — a principal fonte de surpresa e incerteza. Não é difícil portanto ver que a substituição dos Estados territoriais "fracos" por algum tipo de potências legislativas e policiais globais seria prejudicial aos interesses dos "mercados mundiais". E assim é fácil suspeitar que, longe de agirem em contradição e guerra uma com a outra, a fragmentação política e a globalização econômica são aliados íntimos e conspiradores afinados.

A integração e a divisão, a globalização e a territorialização, são *processos mutuamente complementares*. Mais precisamente, são duas faces do mesmo processo: a redistribuição mundial de soberania, poder e liberdade de agir desencadeada (mas de forma alguma determinada) pelo salto radical na tecnologia da velocidade. A coincidência e entrelaçamento da síntese e da dispersão, da integração e da decomposição são tudo, menos acidentais; e menos ainda passíveis de retificação.

É por causa dessa coincidência e desse entrelaçamento das duas tendências aparentemente opostas, ambas desencadeadas pelo impacto divisor da nova liberdade de movimento, que os chamados processos "globalizantes" redundam na redistribuição de privilégios e carências, de riqueza e pobreza, de recursos e impotência, de poder e ausência de poder, de liberdade e restrição. Testemunhamos hoje um processo de *reestratificação* mundial, no qual se constrói uma nova hierarquia sociocultural em escala planetária.

As quase soberanias, as divisões territoriais e a segregação de identidades promovidas e transformadas num *must* pela globalização dos mercados e da informação não refletem uma diversidade de parceiros iguais. O que é opção livre para alguns abate-se sobre outros como destino cruel. E uma vez que esses "outros" tendem a aumentar incessantemente em número e afundar cada vez mais no desespero, fruto de uma existência sem perspectiva, é melhor falar em *"glocalização"* (termo adequado de Roland Robertson que expõe a inquebrantável unidade entre as pressões globalizantes e locais — fenômeno encoberto no conceito unilateral de globalização) e defini-lo essencialmente como o processo de concentração de capitais, das finanças e todos os outros recursos de escolha e ação efetiva, mas também — talvez sobretudo — de *concentração da liberdade* de se mover e agir (duas liberdades que para todos os efeitos práticos são sinônimas).

Comentando a descoberta feita no último *Informe da ONU sobre o Desenvolvimento* de que a riqueza total dos 358 maiores "bilionários globais" equivale à renda somada dos 2,3 bilhões mais pobres (45 por cento da população mundial), Victor Keegan[14] chamou o reembaralhamento atual dos recursos mundiais de "uma nova forma de roubo de estrada". Com efeito, só 22 por cento da *riqueza* global pertencem aos chamados "países em desenvolvimento", que respondem por cerca de 80 por cento da população mundial. E esse não é de forma alguma o limite a que deve chegar a atual polarização, uma vez que a parcela da *renda* global que cabe atualmente aos pobres é ainda menor: em 1991, 85 por cento da população mundial recebiam apenas 15 por cento da renda global. Não admira que os esquálidos 2,3 por cento da riqueza mundial possuídos por 20 por cento dos países mais pobres trinta anos atrás caíram agora ainda mais no abismo: para 1,4 por cento.

Também a rede global de comunicação, aclamada como a porta de uma nova e inaudita liberdade e, sobretudo, como o fundamento tecnológico da iminente igualdade, é claramente usada como muita seletividade — trata-se na verdade de uma estreita fenda na parede, não de um portal. Poucas (e cada vez menos) pessoas têm autorização para passar. "Tudo o que os computadores fazem atualmente para o Terceiro Mundo é a crônica mais eficiente da sua decadência", diz Keegan. E conclui: "Se (como observou um crítico americano) os 358 decidissem ficar cada um com US$ 5 milhões para se manter e distribuir o resto, praticamente dobrariam a renda anual de quase metade da população da Terra. E os porcos voariam."

Nas palavras de John Kavanagh, do Instituto de Pesquisa Política de Washington,

> A globalização deu mais oportunidades aos extremamente ricos de ganhar dinheiro mais rápido. Esses indivíduos utilizam a mais recente tecnologia para movimentar largas somas de dinheiro mundo afora com extrema rapidez e especular com eficiência cada vez maior.
>
> Infelizmente, a tecnologia não causa impacto nas vidas dos pobres do mundo. De fato, a globalização é um paradoxo: é muito benéfica para muito poucos, mas deixa de fora ou marginaliza dois terços da população mundial.[15]

Como rezaria o folclore da nova geração de "classes esclarecidas" geradas no admirável novo mundo monetarista do capital nômade, abrir represas e dinamitar todos os diques mantidos pelo Estado fará do mundo um lugar livre para todos. Segundo essas crenças folclóricas, a liberdade (de comércio e a mobilidade de capital, antes e acima de tudo) é a estufa na qual a riqueza cresceria mais rápido do que nunca; e uma vez multiplicada a riqueza, haverá mais para todos.

Os pobres do mundo — quer velhos ou novos, hereditários ou fruto da computação — dificilmente reconheceriam sua angustiosa situação nessa ficção folclórica. Os meios são a mensagem e os meios de comunicação através dos quais está sendo criado o mercado mundial não facilitam, mas ao contrário impedem, o prometido efeito de "gotejamento". Novas fortunas nascem, crescem e florescem na realidade virtual, firmemente isoladas das rudes e despachadas realidades fora de moda dos pobres. A criação de riqueza está a caminho de finalmente emancipar-se das suas perpétuas conexões — restritivas e vexatórias — com a produção de coisas, o processamento de materiais, a criação de empregos e a direção de pessoas. Os antigos ricos precisavam dos pobres para fazê-los e mantê-los ricos. Essa dependência mitigou em todas as épocas o conflito de interesses e incentivou algum esforço, ainda que débil, de assistência. Os novos-ricos não precisam mais dos pobres. Finalmente a bem-aventurança da liberdade total está próxima.

A mentira da promessa do livre comércio é bem encoberta; a conexão entre a crescente miséria e desespero dos muitos "imobilizados" e as novas liberdades dos poucos com mobilidade é difícil de perceber nos informes sobre as regiões lançadas na ponta sofredora da "glocalização". Parece, ao contrário, que os dois fenômenos pertencem a mundos diferentes, cada um com suas próprias causas marcadamente diversas. Jamais se suspeitaria pelos informes que o rápido enriquecimento e o rápido empobrecimento brotam da mesma raiz, que a "imobilidade" dos miseráveis é um resultado tão legítimo das pressões "glocalizantes" quanto as novas liberdades dos bem-sucedidos para os quais o céu é o limite (como jamais se suspeitaria pelas análises sociológicas do Holocausto e de outros genocídios que eles "combinam" perfeitamente com a sociedade moderna, assim como o progresso econômico, tecnológico, científico e do padrão de vida).

Como explicou recentemente Ryszard Kapuscinski, um dos mais formidáveis cronistas da vida contemporânea, o acobertamento daquela mentira é obtido por meio de três expedientes inter-relacionados que os meios de comunicação utilizam de modo consistente, com irrupções ocasionais e carnavalescas de interesse público pelo sofrimento dos "pobres do mundo".[16] Primeiro, o noticiário sobre uma epidemia de fome — supostamente a última razão que restou para romper a indiferença rotineira — vem em geral acompanhado de um enfático lembrete de que as terras distantes onde as pessoas "vistas na TV" morrem de fome e doença são as mesmas dos "tigres asiáticos", esses beneficiários exemplares da nova maneira imaginativa e admirável de fazer as coisas. Não importa que todos os "tigres" juntos reúnam apenas 1 por cento da população da Ásia. Supõe-se que eles demonstram o que era preciso provar — que o lamentável sofrimento dos famintos e indolentes é opção *sui generis* deles próprios, que as alternativas estão disponíveis e podem ser alcançadas mas não são adotadas por falta de diligência ou determinação. A mensagem subentendida é que os próprios pobres são responsáveis por seu destino; que eles poderiam, como fizeram os "tigres", perceber que a presa fácil não satisfaz o apetite dos tigres.

Segundo, as notícias são pautadas e editadas de modo a reduzir o problema da pobreza e privação apenas à questão da fome. Esse estratagema mata dois coelhos com uma cajadada: a verdadeira escala da pobreza é omitida (800 milhões de pessoas são permanentemente subnutridas, mas cerca de 4 bilhões — dois terços da população mundial — vivem na pobreza) e a tarefa a enfrentar é limitada a arranjar comida para os famintos. Mas, como assinala Kapuscinski, essa apresentação do problema da pobreza (como exemplifica uma edição recente do *The Economist* que analisa a pobreza mundial sob o título "Como alimentar o mundo") "degrada terrivelmente e praticamente nega a condição humana plena das pessoas a quem supostamente queremos ajudar". O que a equação "pobreza = fome" esconde são muitos outros aspectos complexos da pobreza — "horríveis condições de vida e moradia, doença, analfabetismo, agressão, famílias destruídas, enfraquecimento dos laços sociais, ausência de futuro e de produtividade" —; aflições que não podem ser curadas com biscoitos superproteicos e leite em pó. Kapuscinski lembra que perambulou por vilas e aldeias africanas, encontrando crianças "que imploravam não pão, água, chocolate ou brinquedos, mas uma esferográfica, pois iam à escola e não tinham com que escrever as lições".

Acrescentemos que toda associação das horrendas imagens da fome apresentadas na mídia com a destruição do trabalho e dos postos de trabalho (isto é, com as causas globais da pobreza local) é cuidadosamente evitada. As pessoas são mostradas com sua fome, mas, por mais que os espectadores agucem a visão, não verão um único instrumento de trabalho, uma única faixa de terra arável ou uma só cabeça de gado nas imagens, nem ouvirão qualquer referência a nada disso. Como se não houvesse ligação entre o vazio das exortações rotineiras para que se "levantem e façam alguma coisa", dirigidas aos pobres num mundo que não precisa mais da força de trabalho, pelo menos não nas terras onde as pessoas mostradas pela TV morrem de fome, e o sofrimento de pessoas oferecidas como escoadouro carnavalesco, em "feira de caridade", para um impulso moral contido. As riquezas são globais, a miséria é local — mas não há ligação causal entre elas, pelo menos não no espetáculo dos alimentados e dos que alimentam.

Victor Hugo faz uma de suas personagens, Enjolras, exclamar com tristeza pouco antes de morrer numa das muitas barricadas do século XIX: "O século XX será feliz." Sucedeu, comenta René Passat, que "as mesmas tecnologias imateriais que sustentaram essa promessa implicam simultaneamente a sua negação", em especial quando "combinadas com a frenética liberalização planetária das trocas e movimentos de capital". Tecnologias que efetivamente se livram do tempo e do espaço precisam de pouco tempo para despir e empobrecer o espaço. Elas tornam o capital verdadeiramente global; fazem com que todos aqueles que não podem acompanhar nem deter os novos hábitos nômades do capital observem impotentes a degradação e desaparecimento do seu meio de subsistência e se indaguem de onde surgiu a praga.

As viagens globais dos recursos financeiros são talvez tão imateriais quanto a rede eletrônica que percorrem, mas os vestígios locais de sua jornada são dolorosamente palpáveis e reais: o "despovoamento qualitativo", a destruição das economias locais outrora capazes de sustentar seus habitantes, a exclusão de milhões impossíveis de serem absorvidos pela nova economia global.

Em terceiro lugar, o espetáculo dos desastres apresentado nos meios de comunicação também sustenta e reforça de outra maneira a indiferença ética rotineira, cotidiana, além de descarregar as reservas acumuladas de sentimentos morais. Seu efeito a longo prazo é que "a parte desenvolvida do mundo cerca-se de um cinturão sanitário de descompromisso, erguendo um Muro de Berlim global; toda informação que vem 'de fora' são imagens de guerra, assassinatos, drogas, pilhagem, doenças contagiosas, refugiados e fome; isto é, de algo ameaçador para nós". Só raramente, e invariavelmente num tom abafado e sem qualquer conexão com as cenas de guerras civis e massacres, ouvimos falar das armas mortíferas usadas para esse fim. Ainda menos frequente é nos lembrarem, quando o fazem, daquilo que sabemos mas preferimos não ouvir: que todas essas armas usadas para transformar lares distantes em campos de morticínio foram fornecidas por nossas indústrias bélicas, ávidas de encomendas e orgulhosas de sua produtividade e competitividade global — essa seiva vital da nossa amada prosperidade. Uma imagem sintética da brutalidade *autoinfligida* vai se sedimentando na consciência pública — uma imagem de "ruas sórdidas", "zonas proibidas" ampliadas, versão aumentada de uma terra de bandidos, um mundo estranho, subumano, para além da ética e de toda salvação. Tentativas de salvar esse mundo das piores consequências de sua própria brutalidade só podem produzir efeitos momentâneos e estão fadadas ao fracasso a longo prazo; todas as cordas lançadas aos náufragos podem ser facilmente retrançadas em novos laços.

Há outro papel importante desempenhado pela associação dos habitantes "locais distantes" com o assassinato, a epidemia e a pilhagem. Dada a sua monstruosidade, só se pode agradecer a Deus por fazer deles o que são — habitantes locais *distantes* — e rezar para que continuem assim. O desejo dos famintos de ir para onde a comida é abundante é o que naturalmente se esperaria de seres humanos racionais; deixar que ajam de acordo com esse desejo é também o que parece correto e moral à consciência. É por sua inegável racionalidade e correção ética que o mundo racional e eticamente consciente se sente tão desanimado ante a perspectiva da migração em massa dos pobres e famintos; é tão difícil negar aos pobres e famintos, sem se sentir culpado, o direito de ir onde há abundância de comida; e é virtualmente impossível propor argumentos racionais convincentes provando que a migração seria para eles uma decisão irracional. O desafio é realmente espantoso: negar aos outros o mesmíssimo direito à liberdade de movimento que se elogia como a máxima realização do mundo globalizante e a garantia de sua crescente prosperidade...

As imagens de desumanidade que dominam as terras onde vivem possíveis migrantes vêm portanto a calhar. Elas reforçam a determinação que não dispõe de argumentos éticos e racionais a apoiá-la. Ajudam os habitantes locais a permanecerem locais, ao mesmo tempo que permitem aos globais viajar com a consciência limpa.

# 4
# Turistas e vagabundos

Hoje em dia estamos todos em movimento. Muitos mudam de lugar — de casa ou viajando entre locais que não são o da residência. Alguns não precisam sair para viajar: podem se atirar à Web, percorrê-la, inserindo e mesclando na tela do computador mensagens provenientes de todos os cantos do globo. Mas a maioria está em movimento mesmo se fisicamente parada — quando, como é hábito, estamos grudados na poltrona e passando na tela os canais de TV via satélite ou a cabo, saltando para dentro e para fora de espaços estrangeiros com uma velocidade muito superior à dos jatos supersônicos e foguetes interplanetários, sem ficar em lugar algum tempo suficiente para ser mais do que visitantes, para nos sentirmos em casa.

No mundo que habitamos, a distância não parece importar muito. Às vezes parece que só existe para ser anulada, como se o espaço não passasse de um convite contínuo a ser desrespeitado, refutado, negado. O espaço deixou de ser um obstáculo — basta uma fração de segundo para conquistá-lo.

Não há mais "fronteiras naturais" nem lugares óbvios a ocupar. Onde quer que estejamos em determinado momento, não podemos evitar de saber que poderíamos estar em outra parte, de modo que há cada vez menos razão para ficar em algum lugar específico (e por isso muitas vezes sentimos uma ânsia premente de encontrar — de inventar — uma razão). O espirituoso adágio de Pascal revelou-se uma profecia confirmada: de fato vivemos num estranho círculo cujo centro está em toda parte e a circunferência em parte alguma (ou, quem sabe, exatamente o contrário?).

E assim, pelo menos espiritualmente, somos todos viajantes. Ou, como diz Michael Benedikt, "a importância mesma da localização em todas as escalas começa a ser questionada. Tornamo-nos nômades que estão sempre em contato."[1] Mas estamos também nos movendo em outro sentido mais profundo, seja com o pé na estrada ou saltando entre os canais e quer gostemos ou não disso. A ideia do "estado de repouso", da imobilidade, só faz sentido num mundo que fica parado ou que assim fosse percebido: num lugar com paredes sólidas, estradas fixas e placas de sinalização bastante firmes para enferrujar com o tempo. Não se pode "ficar parado" em areia movediça. Nem nesse nosso mundo moderno final ou pós-moderno — um mundo com pontos de referência sobre rodas, os quais têm o irritante hábito de sumir de vista antes que se possa ler toda a sua instrução, examiná-la e agir de acordo. O professor Ricardo Petrella, da Universidade Católica de Louvain, recentemente resumiu isso muito bem: "A globalização arrasta as economias para a produção do efêmero, do volátil (por meio de uma redução em massa e universal da durabilidade dos produtos e serviços) e do precário (empregos temporários, flexíveis, de meio expediente)."[2]

Para abrir caminho na mata densa, escura, espalhada e "desregulamentada" da competitividade global e chegar à ribalta da atenção pública, os bens, serviços e sinais devem despertar desejo e, para isso, devem seduzir os possíveis consumidores e afastar seus competidores. Mas, assim que o conseguirem, devem abrir espaço rapidamente para outros objetos de desejo, do contrário a caça global de lucros e mais lucros (rebatizada de "crescimento econômico") irá parar. A indústria atual funciona cada vez mais para a produção de atrações e tentações. E é da natureza das atrações tentar e seduzir apenas quando acenam daquela distância que chamamos de futuro, uma vez que a tentação não pode sobreviver muito tempo à rendição do tentado, assim como o desejo nunca sobrevive a sua satisfação.

Não há linha de chegada óbvia para essa corrida atrás de novos desejos, muito menos de sua satisfação. A própria noção de "limite" precisa de dimensões espaço-temporais. O efeito de "tirar a espera do desejo" é tirar o desejo da espera. Uma vez que toda demora pode em princípio ser nivelada na instantaneidade, de forma que uma infinidade de eventos temporais possa se comprimir na duração de uma vida humana, e uma vez que toda distância parece ajustar-se à compressão em copresença, de modo que nenhuma escala espacial é em princípio grande demais para o explorador de novas sensações, que significado possível poderia ter a ideia de "limite"? E sem sentido, sem um significado expresso, não há como a roda mágica da tentação e do desejo perder o impulso. As consequências, para os altivos e para os humildes, são enormes — como expressou Jeremy Seabrook de forma convincente:

> A pobreza não pode ser "curada", pois não é um sintoma da doença do capitalismo. Bem ao contrário: é evidência da sua saúde e robustez, do seu ímpeto para uma acumulação e esforço sempre maiores ... Mesmo os mais ricos do mundo se queixam sobretudo de todas as coisas de que se devem privar ... Mesmo os mais privilegiados são compelidos a carregar dentro de si a urgência de lutar para adquirir ...[3]

## Ser consumidor numa sociedade de consumo

Nossa sociedade é uma sociedade de consumo.

Quando falamos de uma sociedade de consumo, temos em mente algo mais que a observação trivial de que todos os membros dessa sociedade consomem; todos os seres humanos, ou melhor, todas as criaturas vivas "consomem" desde tempos imemoriais. O que temos em mente é que a nossa é uma "sociedade de consumo" no sentido, similarmente profundo e fundamental, de que a sociedade dos nossos predecessores, a sociedade moderna nas suas camadas fundadoras, na sua fase industrial, era uma "sociedade de produtores". Aquela velha sociedade moderna engajava seus membros primordialmente como produtores e soldados; a maneira como moldava seus membros, a "norma" que colocava diante de seus olhos e os instava a observar, era ditada pelo dever de desempenhar esses dois papéis. A norma que aquela sociedade colocava para seus membros era a capacidade e a vontade de desempenhá-los. Mas no seu atual estágio final moderno (Giddens), segundo estágio moderno (Beck), supramoderno (Balandier) ou pós-moderno, a sociedade moderna tem pouca necessidade de mão de obra industrial em massa e de exércitos recrutados; em vez disso, precisa engajar seus membros pela condição de consumidores. A maneira como a sociedade atual molda seus membros é ditada primeiro e acima de tudo pelo dever de desempenhar o papel de consumidor. A norma que nossa sociedade coloca para seus membros é a da capacidade e vontade de desempenhar esse papel.

Naturalmente, a diferença entre viver na nossa sociedade ou na sociedade que imediatamente a antecedeu não é tão radical quanto abandonar um papel e assumir outro. Em nenhum dos seus dois estágios a sociedade moderna pôde passar sem que seus membros produzissem coisas para consumir — e, é claro, membros das duas sociedades consomem. A diferença entre os dois estágios da modernidade é "apenas" de ênfase e prioridades — mas essa mudança de ênfase faz uma enorme diferença em praticamente todos os aspectos da sociedade, da cultura e da vida individual.

As diferenças são tão profundas e multiformes que justificam plenamente falar da nossa sociedade como sendo de um tipo distinto e separado — uma sociedade de consumo. O consumidor em uma sociedade de consumo é uma criatura acentuadamente diferente dos consumidores de quaisquer outras sociedades até aqui. Se os nossos ancestrais filósofos, poetas e pregadores morais refletiram se o homem trabalha para viver ou vive para trabalhar, o dilema sobre o qual mais se cogita hoje em dia é se é necessário consumir para viver ou se o homem vive para poder consumir. Isto é, se ainda somos capazes e sentimos a necessidade de distinguir aquele que vive daquele que consome.

Idealmente, todos os hábitos adquiridos deveriam recair nos ombros desse novo tipo de consumidor, exatamente como se esperava que as paixões vocacionais e aquisitivas de inspiração ética recaíssem, como disse Max Weber repetindo Baxter, nos ombros do santo protestante: "como um leve manto, pronto para ser posto de lado a qualquer momento".[4] E os hábitos são, de fato, contínua, diariamente e na primeira oportunidade postos de lado, nunca tendo a chance de se tornarem as barras de ferro de uma gaiola (exceto um meta-hábito que é o "hábito de mudar de hábitos"). Idealmente, nada deveria ser abraçado com força por um consumidor, nada deveria exigir um compromisso "até que a morte nos separe", nenhuma necessidade deveria ser vista como inteiramente satisfeita, nenhum desejo como último. Deve haver uma cláusula "até segunda ordem" em cada juramento de lealdade e em cada compromisso. O que realmente conta é apenas a volatilidade, a temporalidade interna de todos os compromissos; isso conta mais que o próprio compromisso, que de qualquer forma não se permite ultrapassar o tempo necessário para o consumo do objeto do desejo (ou melhor, o tempo suficiente para desaparecer a conveniência desse objeto).

Que todo consumo exige tempo é na verdade a perdição da sociedade de consumo — e uma preocupação maior dos que negociam com bens de consumo. Há uma ressonância natural entre a carreira espetacular do "agora", ocasionada pela tecnologia compressora do tempo, e a lógica da economia orientada para o consumidor. No que diz respeito a esta lógica, a satisfação do consumidor deveria ser *instantânea* e isso num duplo sentido. Obviamente, os bens consumidos deveriam satisfazer de imediato, sem exigir o aprendizado de quaisquer habilidades ou extensos fundamentos; mas a satisfação deveria também terminar — "num abrir e fechar de olhos", isto é, no momento em que o tempo necessário para o consumo tivesse terminado. E esse tempo deveria ser reduzido ao mínimo.

A necessária redução do tempo é melhor alcançada se os consumidores não puderem prestar atenção ou concentrar o desejo por muito tempo em qualquer objeto; isto é, se forem impacientes, impetuosos, indóceis e, acima de tudo, facilmente instigáveis e também se facilmente perderem o interesse. A cultura da sociedade de consumo envolve sobretudo o esquecimento, não o aprendizado. Com efeito, quando a espera é retirada do querer e o querer da espera, a capacidade de consumo dos consumidores pode ser esticada muito além dos limites estebelecidos por quaisquer necessidades naturais ou adquiridas; também a durabilidade física dos objetos do desejo não é mais exigida. A relação tradicional entre necessidades e sua satisfação é revertida: a promessa e a esperança de satisfação precedem a necessidade que se promete satisfazer e serão sempre mais intensas e atraentes que as necessidades efetivas.

Aliás, a promessa é tanto mais sedutora quanto menos familiar for a promessa em questão; é um bocado divertido viver uma experiência que não se sabia que existia e um bom consumidor é um aventureiro amante da diversão. Para os bons consumidores não é a satisfação das necessidades que atormenta a pessoa, mas os tormentos dos desejos ainda não percebidos nem suspeitados que fazem a promessa ser tão tentadora.

O tipo de consumidor gerado e incubado na sociedade de consumo foi definido da maneira mais pungente por John Carroll, que se inspirou na cáustica mas profética caricatura de Nietzsche para o "último homem" (ver o livro de Carroll a ser publicado: *Ego and Soul: A Sociology of the Modern West in the Search of Meanning*):

> A índole desta sociedade proclama: caso esteja se sentindo mal, coma! ... O reflexo consumista é melancólico, supondo que o mal-estar adquire a forma de se sentir vazio, frio, deprimido — com necessidade de se encher de coisas quentes,

ricas, vitais. Claro que não precisa ser comida, como na canção dos Beatles: "sinto-me feliz por dentro" ("*feel happy inside*"). Suntuoso é o caminho para a salvação — consuma e sinta-se bem!... Há também a inquietude, a mania de mudanças constantes, de movimento, de diversidade — ficar sentado, parado, é a morte... O consumismo é assim o análogo social da psicopatologia da depressão, com seus sintomas gêmeos em choque: o nervosismo e a insônia.

Para os consumidores da sociedade de consumo, estar em movimento — procurar, buscar, não encontrar ou, mais precisamente, não encontrar ainda — não é sinônimo de mal-estar, mas promessa de bem-aventurança, talvez a própria bem-aventurança. Seu tipo de viagem esperançosa faz da chegada uma maldição. (Maurice Blanchot notou que a resposta é o azar da pergunta; podemos dizer que a satisfação é o azar do desejo.) Não tanto a avidez de adquirir, de possuir, não o acúmulo de riqueza no seu sentido material, palpável, mas a excitação de uma sensação nova, ainda não experimentada — este é o jogo do consumidor. Os consumidores são primeiro e acima de tudo acumuladores de *sensações*; são colecionadores de *coisas* apenas num sentido secundário e derivativo.

Mark C. Taylor e Esa Saarinen resumem: "O desejo não deseja satisfação. Ao contrário, o desejo deseja o desejo."[5] Pelo menos assim é o desejo de um consumidor ideal. A perspectiva de dissipação e fim do desejo, de ficar sem nada para ressuscitá-lo ou num mundo sem nada desejável, deve ser o mais sinistro dos horrores para o consumidor ideal (e, claro, para os negociantes de pesadelos de bens de consumo).

Para aumentar sua capacidade de consumo, os consumidores não devem nunca ter descanso. Precisam ser mantidos acordados e em alerta sempre, continuamente expostos a novas tentações, num estado de excitação incessante — e também, com efeito, em estado de perpétua suspeita e pronta insatisfação. As iscas que

os levam a desviar a atenção precisam confirmar a suspeita prometendo uma saída para a insatisfação: "Você acha que já viu tudo? Você ainda não viu nada!"
É dito com frequência que o mercado de consumo seduz os consumidores. Mas para fazê-lo ele precisa de consumidores que *queiram* ser seduzidos (assim como para comandar os operários o dono da fábrica precisava de uma equipe com hábitos disciplinadores, com a obediência às ordens firmemente estabelecida). Numa sociedade de consumo que funcione de forma adequada os consumidores buscam com todo empenho ser seduzidos. Seus avós, os produtores, viviam de uma volta da correia transmissora para a seguinte, idêntica. Eles próprios, para variar, vivem de atração em atração, de tentação em tentação, do farejamento de um petisco para a busca de outro, da mordida numa isca à pesca de outra — sendo cada atração, tentação, petisco ou isca uma coisa nova, diferente e mais atraente que a anterior.

Agir assim é uma compulsão, um *must*, para os consumidores amadurecidos, formados; mas esse "*must*", essa pressão internalizada, essa impossibilidade de viver a vida de qualquer outra forma, revela-se para esses consumidores sob o disfarce de um livre exercício da vontade. O mercado pode já tê-los selecionado como consumidores e assim retirado a sua liberdade de ignorar as lisonjas; mas a cada visita a um ponto de compra os consumidores encontram todas as razões para se sentir como se estivessem — talvez até eles apenas — no comando. Eles são os juízes, os críticos e os que escolhem. Eles podem, afinal, recusar fidelidade a qualquer das infinitas opções em exposição. Exceto a opção de escolher entre uma delas, isto é, essa opção que não parece ser uma opção.

É essa combinação dos consumidores, sempre ávidos de novas atrações e logo enfastiados com atrações já obtidas, e de um mundo transformado em todas as suas dimensões — econômicas, políticas e pessoais — segundo o padrão do mercado de consumo e, como o mercado, pronto a agradar e mudar suas atrações com uma velocidade cada vez maior; é essa combinação

que varre toda sinalização fixa — de aço, de concreto ou apenas cercada de autoridade — dos mapas individuais do mundo e dos projetos e itinerários de vida. Com efeito, viajar esperançosamente é na vida do consumidor muito mais agradável que chegar. A chegada tem esse cheiro mofado de fim de estrada, esse gosto amargo de monotonia e estagnação que poria fim a tudo aquilo pelo que e para que vive o consumidor — o consumidor ideal — e que considera o sentido da vida. Para desfrutar o melhor que este mundo tem a oferecer, você deve fazer todo tipo de coisa, exceto uma, que é declarar como o Fausto de Goethe: "Ó, momento, você é belo, dure para sempre!"
O consumidor é uma pessoa em movimento e fadada a se mover sempre.

## Movemo-nos divididos

Uma coisa que mesmo os mais experimentados e perspicazes mestres da arte da opção não escolhem e não podem escolher é a sociedade onde nascem — e assim estamos todos viajando, quer a gente goste ou não. De qualquer forma, não perguntaram a nossa opinião.

Lançados num vasto mar aberto, sem cartas de navegação e com todas as boias de sinalização submersas e mal visíveis, só nos restam duas opções: ou nos alegramos com as empolgantes perspectivas de novas descobertas ou podemos tremer de medo de morrer afogados. Uma opção não realista é pedir refúgio num porto seguro: podemos apostar que o que parece hoje um porto seguro logo será modernizado e no lugar dos serenos abrigos de barcos surgirá um parque temático, um calçadão de lazer ou uma marina superlotada. Não havendo portanto uma terceira opção, a escolha de uma das duas opções ou sua imposição como destino depende em larga medida da qualidade da embarcação que se tem e da habilidade dos marinheiros. Quanto mais resistente a embarcação, menos razão para temer as ondas e tempestades marítimas. Mas nem todas as embarcações têm condições de navegar. E assim, quanto maior a distância a percorrer, mais o destino dos marinheiros tende a se polarizar e mais fundo será o abismo entre os polos. Uma aventura agradável para um iate bem equipado pode se revelar uma armadilha para uma chalupa esfarrapada. Em última análise, a diferença entre uma embarcação e outra pode ser a diferença entre a vida e a morte.

Todo mundo pode ser *lançado* na moda do consumo; todo mundo pode *desejar* ser um consumidor e aproveitar as oportunidades que esse modo de vida oferece. Mas nem todo mundo *pode* ser um consumidor. Desejar não basta; para tornar o desejo realmente desejável e assim extrair prazer do desejo, deve-se ter uma esperança racional de chegar mais perto do objeto desejado. Essa esperança, racionalmente alimentada por alguns, é fútil para muitos outros. Todos nós estamos condenados à vida de opções, mas nem todos temos os meios de ser optantes.

Como todas as outras sociedades, a sociedade pós-moderna de consumo é uma sociedade estratificada. Mas é possível distinguir um tipo de sociedade de outro pela extensão ao longo da qual ela estratifica seus membros. A extensão ao longo da qual os de "classe alta" e os de "classe baixa" se situam numa sociedade de consumo é o seu *grau de mobilidade* — sua liberdade de escolher onde estar.

Uma diferença entre os da "alta" e os da "baixa" é que aqueles podem deixar estes para trás, mas não o contrário. As cidades contemporâneas são locais de um "apartheid ao avesso": os que podem ter acesso a isso abandonam a sujeira e pobreza das regiões onde estão presos aqueles que não têm como se mudar. Em Washington já conseguiram — em Chicago, Cleveland e Baltimore quase chegaram lá. Em Washington não há discriminação no mercado de imóveis residenciais. Mas mesmo assim há uma fronteira invisível que se estende pela rua 16, a oeste, e o rio Potomac, a noroeste, que os que ficaram para trás fazem bem em não cruzar. A maioria dos adolescentes deixados atrás da fronteira invisível mas bem palpável nunca viu o centro de Washington, com todos os seus esplendores, ostentação elegante e prazeres refinados. Na vida deles, o centro da cidade não existe. Não há conversa entre os dois lados da fronteira. As experiências de vida são tão diferentes que não dá para ver sobre o que os moradores dos dois lados poderiam conversar caso se encontrassem para um bate-papo. Como disse Ludwig Wittgenstein, "se os leões falassem, nós não os entenderíamos".

E outra diferença: os que vivem no "alto" estão satisfeitos de viajar pela vida segundo os desejos do seu coração, podendo escolher os seus destinos de acordo com as alegrias que oferecem. Os de "baixo" volta e meia são expulsos do lugar em que gostariam de ficar. (Em 1975 havia 2 milhões de emigrantes sob os cuidados do Alto Comissariado da ONU para refugiados. Em 1995 esse total tinha subido para 27 milhões.) Se eles não se retiram, o lugar muitas vezes é puxado como um tapete sob seus pés, de modo que é como se estivessem de qualquer forma se mudando. Se põem o pé na estrada, então seu destino o mais das vezes ficará na mão de outros; dificilmente será um destino agradável e o que parecer agradável não será por opção. Podem ocupar um lugar extremamente pouco atraente que abandonariam de bom grado — mas não têm nenhum outro lugar para ir, uma vez que provavelmente em nenhum outro lugar serão bem recebidos e autorizados a armar sua tenda.

Os vistos de entrada vão ficando progressivamente ultrapassados em todo o globo. Mas não o controle de passaportes, ainda necessários — talvez mais do que nunca — para eliminar a confusão criada pela abolição dos vistos: a fim de separar aqueles para cuja conveniência e facilidade de viagem foram abolidos os vistos daqueles que deveriam ter ficado no lugar de onde saíram, quer dizer, que nem deveriam viajar. A atual combinação da anulação dos vistos de entrada com o aumento dos controles de imigração tem uma profunda significação simbólica. Poderia ser considerada uma metáfora para a nova estratificação emergente. Ela deixa a nu o fato de que agora o "acesso à mobilidade global" é que foi elevado à mais alta categoria dentre os fatores de estratificação. Também revela a dimensão global de todo privilégio e de toda privação, por mais localizados. Alguns desfrutam da nova liberdade de movimentos *sans papiers*. Outros não têm permissão para ficar nos seus lugares pela mesma razão.

Todas as pessoas podem agora ser andarilhas, de fato ou em sonho — mas há um abismo difícil de transpor entre as experiências que podem ter, respectivamente, os do alto e os de baixo da escala de liberdade. Esse termo na moda, "nômades", aplicado indiscriminadamente a todos os contemporâneos da era pós-moderna, pode conduzir a erros grosseiros, uma vez que atenua as profundas diferenças que separam os dois tipos de experiência e torna formal, superficial, toda semelhança entre eles.

Aliás, os mundos sedimentados nos dois polos, no alto e no pé da nova hierarquia da mobilidade, diferem acentuadamente; também se tornam cada vez mais incomunicáveis entre si. Para o Primeiro Mundo, o mundo dos globalmente móveis, o espaço perdeu sua qualidade restritiva e é facilmente transposto tanto na sua versão "real" como na versão "virtual". Para o segundo mundo, o da "localidade amarrada", daqueles impedidos de se mover e assim fadados a suportar passivamente qualquer mudança que afete a localidade onde estão presos, o espaço real está se fechando rapidamente. É um tipo de provação que se torna ainda mais penosa pela insistente exibição na mídia da conquista do espaço e do "acesso *virtual*" a distâncias que permanecem teimosamente inacessíveis na realidade efetiva.

O encolhimento do espaço abole o fluxo do tempo. Os habitantes do Primeiro Mundo vivem num presente perpétuo, passando por uma série de episódios higienicamente isolados do seu passado e também do seu futuro. Essas pessoas estão constantemente ocupadas e sempre "sem tempo", pois cada momento não é extensivo — experiência idêntica à de ter o tempo "todo tomado". As pessoas ilhadas no mundo oposto são esmagadas pela carga de uma abundância de tempo redundante e inútil, que não têm com que preencher. No tempo delas, "nada acontece". Elas não "controlam" o tempo — mas também não são controladas por ele, ao contrário dos seus ancestrais governados pelo relógio, submetidos ao ritmo impessoal do tempo fabril. Elas só podem matar o tempo, enquanto o tempo vai aos poucos matando-as. Os habitantes do Primeiro Mundo vivem no *tempo*; o espaço não importa para eles, pois transpõem instantaneamente qualquer distância. Foi essa experiência que Jean Baudrillard captou com a imagem da "hiper-realidade", em que o virtual e o real não são mais separáveis, pois ambos partilham ou carecem na mesma medida da "objetividade", da "externalidade" e do "poder punitivo" que Émile Durkheim enumerou como os sintomas de toda realidade. Os habitantes do Segundo Mundo, ao contrário, vivem no *espaço*, um espaço pesado, resistente, intocável, que amarra o tempo e o mantém fora do controle deles. O tempo deles é vazio: nele "nada acontece". Para eles, só o tempo virtual da TV tem uma estrutura, um "horário" — o resto do tempo escoa monotonamente, chegando e partindo sem exigir nada e aparentemente sem deixar vestígio. Suas marcas acumuladas aparecem de repente, imprevistas e sem serem convidadas. Imaterial, etéreo, efêmero, sem nada para preenchê-lo e lhe dar peso e sentido, o tempo não tem poder sobre esse espaço real demais a que estão confinados os habitantes do Segundo Mundo.

Para os habitantes do Primeiro Mundo — o mundo cada vez mais cosmopolita e extraterritorial dos homens de negócio globais, dos controladores globais da cultura e dos acadêmicos globais — as fronteiras dos Estados foram derrubadas, como o foram para as mercadorias, o capital e as finanças. Para os habitantes do Segundo Mundo, os muros constituídos pelos controles de imigração, as leis de residência, a política de "ruas limpas" e "tolerância zero" ficaram mais altos; os fossos que os separam dos locais de desejo e da sonhada redenção ficaram mais profundos, ao passo que todas as pontes, assim que se tenta atravessá-las, revelam-se pontes levadiças. Os primeiros viajam à vontade, divertem-se bastante viajando (particularmente se vão de primeira classe ou em avião particular), são adulados e seduzidos a viajar, sendo sempre recebidos com sorrisos e de braços abertos.

Os segundos viajam às escondidas, muitas vezes ilegalmente, às vezes pagando por uma terceira classe superlotada num fedorento navio sem condições de navegar mais do que outros pagam pelos luxos dourados de uma classe executiva — e ainda por cima são olhados com desaprovação, quando não presos e deportados ao chegar.

## Movendo-se no mundo x o mundo que se move

As consequências culturais e psicológicas da polarização são enormes.

No *Guardian* de 10 de novembro de 1997, Larry Elliott cita Diane Coyle, autora de *The Weightless World*, que discorre sobre os prazeres que pessoalmente lhe proporciona o flexível e admirável mundo novo da computação eletrônica com sua alta velocidade e mobilidade: "Para pessoas como eu, uma economista e jornalista, instruída e bem paga, com uma dose de espírito empreendedor, a nova flexibilidade do mercado de trabalho do Reino Unido revelou oportunidades maravilhosas." Mas alguns parágrafos adiante a mesma autora admite que para "pessoas sem qualificações condizentes, sem os adequados recursos de família ou economias suficientes, a crescente flexibilidade acaba significando uma exploração ainda maior pelos empregadores ..." Coyle diz que o recente alerta de Lester Thurow e Robert Reich sobre o perigo crescente do abismo social cada vez maior nos EUA entre "uma rica elite enfurnada em condomínios vigiados" e "uma maioria sem trabalho e empobrecida" não deveria ser tratado com leviandade por aqueles que se aquecem ao sol da nova flexibilidade do mercado de trabalho britânico...

Agnes Heller conta que num dos seus voos de longa distância conheceu uma mulher de meia-idade, empregada de uma empresa de comércio internacional, que falava cinco línguas e possuía três apartamentos em três lugares diferentes.

Ela migra constantemente entre diversos lugares e sempre está para cima e para baixo. E faz isso por conta própria, não como membro de uma comunidade qualquer, embora muitas pessoas façam como ela ... O tipo de cultura de que participa não é a cultura de um determinado lugar, mas a de um tempo. É a cultura do *presente absoluto*.

Sigamos com ela em suas constantes viagens de Cingapura para Hong Kong, Londres, Estocolmo, New Hampshire, Tóquio, Praga e assim por diante. Sempre se hospeda no mesmo hotel Hilton, come o mesmo sanduíche de atum no almoço ou, se preferir, comida chinesa em Paris e comida francesa em Hong Kong. Usa o mesmo tipo de fax, telefone e computador em todo lugar, vê sempre os mesmos filmes e discute os mesmos problemas com o mesmo tipo de gente.

Agnes Heller, uma *globetrotter* acadêmica como muitos de nós, acha fácil simpatizar com a experiência de sua anônima companheira de viagem. E acrescenta, em causa própria: "Mesmo universidades estrangeiras não são estrangeiras. Depois que se dá uma conferência, pode-se esperar as mesmas perguntas em Cingapura, Tóquio, Paris ou Manchester. Não são lugares estrangeiros nem são a terra da gente." A companheira de viagem de Agnes Heller não tem residência fixa, mas nem por isso se sente desterrada. Onde quer que vá sente-se à vontade. "Por exemplo, sabe onde fica o interruptor elétrico, já conhece o cardápio, sabe interpretar os gestos e alusões, compreende os outros sem maiores explicações."[6]

Jeremy Seabrook fala de outra mulher, Michelle, de um distrito vizinho:

Aos 15 seu cabelo era num dia ruivo, no outro louro, depois preto, em seguida eriçado em estilo afro, logo cortado em caminhos de rato, aí entrançado, então raspado rente ao crânio, cintilante ... A cor de seus lábios era escarlate, depois púrpura, em seguida preta. O rosto ia de uma palidez de fantasma ao tom de pêssego, ficando depois bronzeado como se tivesse sido banhado em metal. Perseguida por sonhos de fuga, saiu de casa aos 16 para viver com o namorado, que tinha 26... Aos 18 voltou para a casa da mãe, com dois filhos... Sentou-se no quarto de onde fugira três anos antes, agora com as antigas fotos de astros pop já desbotadas nas paredes. Disse que se sentia como uma velha de cem anos. Experimentou tudo o que aquela vida podia oferecer. Nada mais restava.[7]

A companheira de viagem de Agnes Heller vive num lar imaginário de que não precisa e que portanto não importa que seja imaginário. A conhecida de Seabrook empreende escapadas imaginárias da casa que rejeita como ridiculamente real. A qualidade virtual do espaço serve a ambas, mas a cada uma oferece serviços diferentes e com resultados marcadamente diversos. À companheira de viagem de Agnes Heller ajuda a dissolver quaisquer restrições que uma casa real poderia impor, ou seja, a desmaterializar o espaço sem expô-la aos desconfortos e ansiedades da falta de um lar. Para a vizinha de Seabrook ele ressalta o espantoso e abominável poder de uma casa que se transforma em prisão, ou seja, decompõe o tempo. A primeira experiência é vivida como liberdade pós-moderna. A segunda, estranhamente, mais parece a versão pós-moderna da escravidão.

A primeira experiência dá o paradigma do *turista* (e não importa que a viagem seja a trabalho ou de lazer). Os turistas tornam-se andarilhos e colocam os sonhos agridoces da saudade acima dos confortos do lar — porque assim o querem ou porque consideram essa a estratégia de vida mais racional "nas circunstâncias" ou porque foram seduzidos pelos prazeres reais ou imaginários de uma vida hedonística.

Mas nem todos os andarilhos estão em movimento por preferirem isso a ficar parados ou porque querem ir aonde vão. Muitos talvez preferissem ir a outros lugares ou mesmo não ter uma vida nômade — se pudessem escolher; mas, para começo de conversa, não lhes deram opção. Se estão se movendo é porque "ficar em casa" num mundo feito sob medida para o turista parece humilhante e enfadonho e, de qualquer modo, a longo prazo não parece uma proposta factível. Estão se movendo porque foram empurrados — tendo sido primeiro desenraizados do lugar sem perspectivas por uma força sedutora ou propulsora poderosa demais e muitas vezes misteriosa demais para resistir. Para eles, essa angustiante situação é tudo, menos liberdade. Esses são os *vagabundos*, escuras luas errantes que refletem o brilho luminoso do sol dos turistas e seguindo placidamente a órbita dos planetas: são os mutantes da evolução pós-moderna, os rejeitos monstruosos da admirável espécie nova. Os vagabundos são o refugo de um mundo que se dedica ao serviço dos turistas.

Os turistas ficam ou se vão a seu bel-prazer. Deixam um lugar quando novas oportunidades ainda não experimentadas acenam de outra parte. Os vagabundos sabem que não ficarão muito tempo num lugar, por mais que o desejem, pois provavelmente em nenhum lugar onde pousem serão bem-recebidos. Os turistas se movem porque acham o mundo a seu alcance (global) irresistivelmente *atraente*. Os vagabundos se movem porque acham o mundo a seu alcance (local) insuportavelmente *inóspito*. Os turistas viajam porque *querem*; os vagabundos porque *não têm outra opção suportável*. Pode-se dizer que os vagabundos são turistas involuntários; mas a noção de "turista involuntário" é uma contradição em termos. Por mais que a estratégia do turista possa ser uma necessidade num mundo marcado por muros e estradas móveis, a liberdade de escolha é a carne e o sangue do turista. Tire-a e a atração, a poesia e mesmo a suportabilidade da vida do turista se vão inteiramente.

O que se aclama hoje como "globalização" gira em função dos sonhos e desejos dos turistas. Seu efeito secundário — *colateral* mas inevitável — é a transformação de muitos outros em vagabundos. Vagabundos são viajantes aos quais se recusa o direito de serem turistas. Não se permite nem que fiquem parados (não há lugar que lhes garanta permanência, um fim para a indesejável mobilidade) nem que procurem um lugar melhor para ficar.

Uma vez liberado do espaço, o capital não precisa mais da mão de obra itinerante (enquanto sua mais avançada e emancipada vanguarda *high-tech* sequer precisa de mão de obra *alguma*, móvel ou fixa). E assim a pressão para derrubar as últimas barreiras ao livre movimento do dinheiro e das mercadorias e informação que rendem dinheiro anda de mãos dadas com a pressão para cavar novos fossos e erigir novas muralhas (chamadas de leis de "imigração" ou de "nacionalidade") que barrem o movimento daqueles que em consequência perdem, física ou espiritualmente, suas raízes.[8] *Sinal verde para os turistas, sinal vermelho para os vagabundos*. A localização forçada preserva a seletividade natural dos efeitos globalizantes. Amplamente notada e cada vez mais preocupante, a polarização do mundo e de sua população não é uma interferência externa, estranha, perturbadora, um entrave ao processo de globalização — é efeito dele.

Não há turistas sem vagabundos e os turistas não podem ficar à solta se os vagabundos não forem presos...

## Unidos, para o melhor ou para o pior

O vagabundo é o *alter ego* do turista. Ele é também o mais ardente admirador do turista — tanto mais pelo fato de não ter uma noção das inconveniências reais, mas não muito comentadas, da vida do turista. Pergunte aos vagabundos que tipo de vida gostariam de ter se pudessem escolher e você terá uma descrição bem acurada da alegria do turista "tal como vista na TV". Os vagabundos não têm outras imagens da boa vida — nenhuma utopia alternativa, nenhuma agenda política própria. A única coisa que querem é permissão para serem turistas — como o restante de nós... Num mundo inquieto, o turismo é a única forma aceitável, humana, de inquietude.

Tanto o turista como o vagabundo são consumidores — e os consumidores dos tempos modernos avançados ou pós-modernos são caçadores de emoções e colecionadores de experiências; sua relação com o mundo é primordialmente *estética*: eles percebem o mundo como um alimento para a sensibilidade, uma matriz de possíveis experiências (no sentido de *Erlebnisse*, experiências que se vivem, não de *Erfahrungen*, experiências que se sofrem — distinção essencial que se faz em alemão mas que lamentavelmente se perde em inglês), e o mapeiam de acordo com as experiências. Ambos são tocados — atraídos ou repelidos — pelas sensações prometidas. Ambos "saboreiam" o mundo, como os experimentados frequentadores de museus saboreiam o *tête-à-tête* com uma obra de arte. Essa atitude em relação ao mundo une-os, faz um igual ao outro. Esse é o tipo de semelhança que permite que os vagabundos simpatizem com os turistas, pelo menos com a imagem do turista, e desejem participar de seu estilo de vida; mas uma semelhança que os turistas se esforçam em esquecer, embora para seu desalento não possam reprimir de fato inteiramente.

Como lembra Jeremy Seabrook,[9] o segredo da sociedade atual está "no desenvolvimento de um senso de insuficiência artificialmente criado e subjetivo" — uma vez que "nada poderia ser mais ameaçador" para seus princípios fundamentais "do que as pessoas se declararem satisfeitas com o que têm". O que as pessoas têm de fato é assim diminuído e denegrido pela insistente e excessiva exibição de aventuras extravagantes pelos mais favorecidos: "Os ricos se tornam objetos de adoração universal."

Os ricos que costumavam ser exibidos como heróis para adoração universal e como padrões de emulação universal eram outrora os "*self-made men*" cujas vidas resumiam os efeitos benignos da ética do trabalho e do apego estrito e obstinado à razão. Mas já não é assim. O objeto de adoração é agora a própria riqueza — a riqueza como garantia de um estilo de vida mais extravagante e pródigo. O que importa é *o que se pode fazer*, não *o que deve ser feito* ou *o que foi feito*. Universalmente adorada nas pessoas ricas é a sua maravilhosa capacidade de escolher como levar a vida, os lugares onde viver, os companheiros para partilhar esses lugares e de mudar tudo isso à vontade e sem esforço — o fato de que nunca parecem alcançar pontos sem retorno, de que não há um fim visível para suas reencarnações, de que seu futuro parece sempre mais rico em conteúdo e mais atraente que o seu passado e, por fim mas não menos importante, de que a única coisa que parece interessar-lhes é a gama de perspectivas que sua riqueza abre para elas. Essas pessoas parecem de fato guiadas pela estética do consumo; é a exibição de um gosto estético extravagante e mesmo frívolo, não a obediência à ética do trabalho ou o seco e puritano preceito da razão, o *know-how* e não o mero sucesso financeiro, que está no coração da grandeza a elas atribuída e que lhes dá direito à admiração universal.

"Os pobres não habitam uma cultura separada dos ricos", assinala Seabrook; "eles têm que viver no mesmo mundo ideado em benefício dos que têm dinheiro. E sua pobreza é agravada pelo crescimento econômico, assim como é intensificada pela recessão e o não crescimento." Com efeito, recessão significa mais pobreza e menos recursos; mas o crescimento leva a uma exibição ainda mais frenética de maravilhas de consumo e assim prenuncia um abismo ainda maior entre o desejado e o real.

Tanto o turista como o vagabundo foram transformados em consumidores, mas o vagabundo é um consumidor *frustrado*. Os vagabundos não podem realmente se permitir as opções sofisticadas em que se espera que sobressaiam os consumidores; seu potencial de consumo é tão limitado quanto seus recursos. Essa falha torna precária a sua posição social. Eles quebram a norma e solapam a ordem. São uns estraga-prazeres meramente por estarem por perto, pois não lubrificam as engrenagens da sociedade de consumo, não acrescentam nada à prosperidade da economia transformada em indústria de turismo. São inúteis, no único sentido de "utilidade" em que se pode pensar numa sociedade de consumo ou de turistas. E por serem inúteis são também indesejáveis. Como indesejáveis, são naturalmente estigmatizados, viram bodes expiatórios. Mas seu crime é apenas desejar ser como os turistas... sem ter os meios de realizar os seus desejos como os turistas.

Mas se os turistas os acham detestáveis, vergonhosos e ofensivos, mostrando-se incomodados com sua companhia indesejada, é por razões mais profundas que o tão badalado "custo público" de manter os vagabundos vivos. Os turistas têm horror dos vagabundos pela mesmíssima razão que os vagabundos encaram os turistas como gurus e ídolos: na sociedade dos viajantes, na sociedade viajante, o turismo e a vagabundagem são as duas faces da mesma moeda. O vagabundo, repito, é o *alter ego* do turista. A linha que os separa é tênue e nem sempre muito nítida. Pode-se cruzá-la facilmente sem notar... Há essa abominável semelhança que torna tão difícil decidir em que ponto o retrato se torna uma caricatura e o exemplar saudável da espécie vira um mutante e um monstro.

Há entre os turistas alguns "andarilhos contumazes", sempre na estrada e sempre confiantes de estarem indo na direção certa e que viajar é a coisa certa a fazer; esses felizes turistas raramente se deixam perturbar pela ideia de que suas escapadas podem descambar para a vagabundagem. E há alguns vagabundos irremediáveis que de há muito jogaram a toalha e abandonaram toda esperança de chegar algum dia à categoria de turistas. Mas entre esses dois extremos há uma grande parcela, possivelmente uma maioria substancial da sociedade de consumidores/viajantes, que não está bem certa de onde se encontra no momento e muito menos se sua posição atual permitirá ver a luz do dia seguinte. Há muitas cascas de banana no caminho e ab-ruptos meios-fios nos quais se pode escorregar ou tropeçar. Afinal, a maioria dos empregos é temporária, as ações podem tanto cair como subir, as habilidades continuam a ser desvalorizadas e superadas por novas e mais aperfeiçoadas habilidades, os bens de que hoje nos orgulhamos e gostamos tornam-se logo obsoletos, bairros sofisticados tornam-se decadentes e vulgares, sociedades se formam apenas até segunda ordem, os valores que merecem ser seguidos e as finalidades em que vale a pena investir estão sempre mudando... Assim como nenhum seguro de vida protege o dono da apólice contra a morte, nenhuma política de segurança do estilo de vida turístico protege o turista de descambar para a vagabundagem. E assim o vagabundo é o pesadelo do turista, o "demônio interior" do turista que precisa ser exorcizado diariamente. A simples visão do vagabundo faz o turista tremer — não *pelo que o vagabundo é* mas *pelo que o turista pode vir a ser*. Enquanto varre o vagabundo para debaixo do tapete — expulsando das ruas o mendigo e sem-teto, confinando-o a guetos distantes e "proibidos", exigindo seu exílio ou prisão — o turista busca desesperadamente, embora em última análise inutilmente, deportar seus próprios medos. Um mundo sem vagabundos será um mundo no qual Gregor Samsa jamais passará pela metamorfose em inseto e os turistas jamais acordarão um dia na pele de vagabundos. *Um mundo sem vagabundos é a utopia da sociedade dos turistas.* A política da sociedade dos turistas pode ser em grande parte explicada — como a obsessão com "a lei e a ordem", a criminalização da pobreza, o recorrente extermínio dos parasitas etc. — como um esforço contínuo e obstinado para elevar a realidade social, contra todas as evidências, ao nível dessa utopia.

O problema, porém, é que a vida dos turistas não teria nem a metade do prazer que tem se não fossem os vagabundos à volta para mostrar como seria a alternativa a essa vida, a única alternativa que a sociedade dos viajantes torna realista. A vida do turista não é um mar de rosas e muito provavelmente as rosas que aí se encontram nascem em talos bem espinhentos. É preciso enfrentar muitas dificuldades em nome da liberdade turística: a impossibilidade de relaxar, a incerteza envolvendo cada escolha, os riscos ligados a cada decisão sendo os maiores mas não os únicos. Além disso, a alegria de escolher tende a perder muito do seu fascínio quando *é preciso* escolher e a aventura perde muito de sua atração quando toda a vida da pessoa se torna uma sequência de aventuras. Portanto há um bocado de coisas das quais poderia se queixar o turista. A tentação de buscar outra forma, não turística, de felicidade está sempre presente. Jamais pode ser eliminada, mas apenas posta de lado e não por muito tempo. O que torna suportável a vida do turista, o que torna a sua dureza uma irritação menor e permite mudar e colocar a tentação numa prateleira escondida é essa mesma visão do vagabundo que faz o turista estremecer.

E assim, paradoxalmente, a vida do turista é tanto mais suportável, mesmo agradável, por ser assombrada por uma alternativa uniforme de pesadelo: a da existência do vagabundo. Num sentido igualmente paradoxal, os turistas têm interesse em tornar essa alternativa a mais terrível e execrável possível. Quanto menos atraente for o destino do vagabundo, mais saborosas serão as peregrinações do turista. Quanto pior a angústia dos vagabundos, melhor será a sensação experimentada pelo turista. Se não houvesse vagabundos, os turistas teriam que inventá-los... O mundo dos viajantes precisa de uns e de outros, e juntos, presos num nó górdio que ninguém parece saber (ou querer) como desatar ou cortar.

E assim continuamos nos movendo, os turistas e os vagabundos, meio turistas e meio vagabundos que somos quase todos nesta sociedade de consumidores/viajantes. Nossas agruras estão mais firmemente entrelaçadas do que permitem supor, enquanto duram, as preocupações turísticas.

Mas os dois destinos e experiências de vida gerados pelas agruras comuns produzem duas percepções bem distintas do mundo, das aflições do mundo e das maneiras de superá-las — diferentes mas semelhantes nas suas deficiências, na sua tendência de atenuar a rede de dependência mútua subjacente a cada uma delas e também a sua oposição.

Por um lado, há uma ideologia que toma forma nos relatos dos porta-vozes dos globais, entre os quais Jonathan Friedman enumera: "intelectuais próximos da mídia; a própria *intelligentsia* da mídia; em certo sentido, todos aqueles que podem ter uma identidade cosmopolita";[10] ou melhor, as suposições tácitas que tornam crível essa ideologia simplesmente pela recusa de questioná-la: o tipo de suposição que Pierre Bourdieu definiu recentemente como *doxa* — "uma evidência não discutida e indiscutível".[11] Por outro lado, há as ações dos habitantes locais e forçosamente localizados, ou mais exatamente aqueles que tentam com crescente sucesso aproveitar politicamente os ventos da ira que sopram das áreas *glebae adscripti*. O choque resultante não consegue retificar o cisma e tudo o que o aprofunda ainda mais, afastando a imaginação política da verdadeira causa das aflições que ambos os lados lamentam, embora cada um por razões supostamente opostas.

Friedman ridiculariza a linguagem da tagarelice cosmopolita, todos esses termos em voga, como "*inter*-mediação", "*dis*-juntura", "*trans*-cendência" etc., que supostamente fazem mais do que enunciar a experiência daqueles que já levantaram âncoras, os "já emancipados", mas que enunciariam também a experiência dos ainda não emancipados não fosse a feia e desconcertante tendência desses ao "confinamento" e à "essencialização". Essa linguagem apresenta o privilégio, com as suas inseguranças específicas, como a "natureza humana" comum ou o "futuro de todos nós". Mas Friedman pergunta para quem

> essa transmigração cultural é uma realidade? Na obra dos pioneiros pós-coloniais, é sempre o poeta, o artista, o intelectual, que sustenta esse deslocamento e o objetiva na palavra impressa. Mas quem lê a poesia e quais são os outros tipos de identificação que ocorrem nas camadas inferiores da realidade social? ... Em poucas palavras, os híbridos e os teóricos da hibridização são produtos de um grupo que se autoidentifica ou identifica o mundo nesses termos, não como resultado da compreensão etnográfica, mas como um ato de autodefinição ... A esfera global e culturalmente híbrida da elite é ocupada por indivíduos que partilham uma experiência bem diferente do mundo, ligada à política internacional, à vida acadêmica, à mídia e às artes.

A hibridização cultural dos habitantes globais pode ser uma experiência criativa e emancipadora, mas a perda de poder cultural dos habitantes locais raramente o é; trata-se de uma tendência compreensível mas infeliz dos primeiros confundirem as duas coisas e assim apresentarem sua própria versão de "má consciência" como prova de deficiência mental dos segundos. Mas para estes — habitantes locais mais por sina que por opção — a desregulamentação, a dissipação de redes comunitárias e a forçosa individualização do destino implicam agruras bem distintas e sugerem estratégias bem diferentes. Para citar Friedman mais uma vez:

> A lógica que se desenvolve nos bairros de pessoas pouco instruídas será provavelmente de natureza diferente da que se desenvolve entre os viajantes internacionais das indústrias culturais, com sua instrução superior ... O gueto urbano pobre, com sua mistura étnica, é uma arena que não provê de imediato à construção de identidades híbridas explicitamente novas. Em períodos de estabilidade e/ou expansão global, os problemas de sobrevivência relacionam-se mais intimamente ao território e à criação de espaços de vida seguros. A identidade de classe, a identidade local do gueto tendem a prevalecer ...

Dois mundos, duas percepções do mundo, duas estratégias.

E o paradoxo: essa realidade *pós-moderna* do mundo consumista/desregulamentado/privatizado, do mundo globalizante e localizante, só encontra um pálido reflexo unilateral e grosseiramente distorcido na narrativa *pós-modernista*. A hibridização e a derrota dos essencialismos proclamadas pelo elogio pós-modernista do mundo "globalizante" estão longe de expressar a complexidade e as agudas contradições que dilaceram esse mundo. O pós-modernismo, um dos muitos relatos possíveis da realidade pós-moderna, meramente enuncia uma experiência de casta dos globais — essa vociferante categoria, extremamente audível e influente mas relativamente pequena, de *globetrotters* extraterritoriais. Ele não relata nem articula outras experiências, que são também parte integrante da cena pós-moderna. Wojciech J. Burszta, o eminente antropólogo polonês, reflete assim sobre as consequências dessa ruptura de comunicação potencialmente desastrosa:

As antigas periferias claramente seguem seu próprio caminho, lançando luz sobre o que os pós-modernistas falam delas. E os pós-modernistas ficam desamparados quando confrontam as realidades do islã militante, a feiura das favelas da Cidade do México ou mesmo uma invasão negra numa casa saqueada de South Bronx. São imensas marginalidades e ninguém sabe como lidar com elas ...
Sob a fina película dos símbolos, rótulos e utilidades globais ferve um caldeirão do desconhecido — no qual não estamos particularmente interessados e sobre o qual na verdade temos pouco a dizer.

As "periferias" na citação acima são melhor compreendidas num sentido genérico, como todos esses espaços infinitamente numerosos que foram profundamente afetados pelos "símbolos, rótulos e utilidades globais", embora não da maneira prevista pelos seus defensores globalistas. "Periferias" desse tipo proliferaram em volta de todos os pequenos enclaves espiritualmente extraterritoriais mas fortemente guarnecidos da elite "globalizada".

O paradoxo mencionado há pouco leva-nos a outro: a era da "compressão espaço-temporal", da ilimitada transferência de informação e da comunicação instantânea, é também a era de uma quase total quebra de comunicação entre as elites instruídas e o *populus*. Aquelas ("modernistas sem modernismo", na competente expressão de Friedman — isto é, sem um projeto universalizante) não têm nada a dizer a esse povo, nada que ecoasse em suas mentes como um reflexo da sua própria experiência e dos seus projetos de vida.

# 5
## Lei global, ordens locais

Nos Estados Unidos, diz Pierre Bourdieu referindo-se ao estudo do sociólogo francês Loïc Wacquant,

> o "Estado Beneficente", fundado no conceito moralizante de pobreza, tende a bifurcar-se num Estado Social que provê garantias mínimas de segurança para as classes médias e num Estado cada vez mais repressivo que contra-ataca os efeitos violentos da condição cada vez mais precária da grande massa da população, principalmente os negros.[1]

Este é apenas um exemplo — embora especialmente gritante e espetacular, como a maioria das versões americanas de fenômenos mais amplos e globais — de uma tendência muito mais geral de limitar à questão da lei e da ordem o que ainda resta da antiga iniciativa política nas mãos cada vez mais frágeis da nação-estado; uma questão que inevitavelmente se traduz na prática em uma existência ordeira — segura — para alguns e, para outros, toda a espantosa e ameaçadora força da lei.

Bourdieu escreveu o artigo citado, apresentado numa conferência em Freiburg em outubro de 1996, como "reação visceral" a uma declaração que lera no avião. A declaração em questão fora feita por Hans Tietmeyer, presidente do banco central alemão, de forma casual e quase descuidada, como quando se falam verdades óbvias e banais e sem provocar qualquer desaprovação do público ou dos leitores. "O que está em jogo hoje", disse Tietmeyer, "é criar condições favoráveis à confiança dos investidores." E prosseguiu explicando que condições seriam essas, de novo de forma rápida e sem muita argumentação, como quando se falam coisas consideradas evidentes para todos no momento em que são proferidas. Para tornar os investidores confiantes e encorajá-los a investir, disse ele, seria necessário um controle mais estrito dos gastos públicos, a redução dos impostos, a reforma do sistema de proteção social e o "desmantelamento das normas rígidas do mercado de trabalho".

O mercado de trabalho é rígido demais; precisa tornar-se flexível, quer dizer, mais dócil e maleável, fácil de moldar, cortar e enrolar, sem oferecer resistência ao que quer que se faça com ele. Em outras palavras, o trabalho é "flexível" na medida em que se torna uma espécie de variável econômica que os investidores podem desconsiderar, certos de que serão as suas ações e somente elas que determinarão a conduta da mão de obra. Para pensar isso, porém, a ideia do "trabalho flexível" nega na prática o que afirma em teoria. Ou melhor, para realizar o que postula, deve despojar o seu objeto daquela agilidade e versatilidade que o exorta a adotar.

Como muitos valores de linha de frente, a ideia de "flexibilidade" esconde sua natureza de relação social, o fato de que demanda a redistribuição de poder e implica uma intenção de expropriar o poder de resistência daqueles cuja "rigidez" está a ponto de ser superada. Com efeito, a mão de obra deixaria de ser "rígida" apenas se deixasse de ser uma quantidade desconhecida no cálculo dos investidores. Ou seja, se de fato perdesse o poder de ser realmente "flexível" — caso se recusasse a conformar-se a um padrão, a surpreender e, em suma, a pôr limites à liberdade de manobra dos investidores. A "flexibilidade" só pretende ser um "princípio universal" de sanidade econômica, um princípio que se aplica igualmente à oferta e à procura do mercado de trabalho. A igualdade do termo esconde seu conteúdo marcadamente diverso para cada um dos lados do mercado.

Flexibilidade do lado da procura significa liberdade de ir aonde os pastos são verdes, deixando o lixo espalhado em volta do último acampamento para os moradores locais limparem; acima de tudo, significa liberdade de desprezar todas as considerações que "não fazem sentido economicamente". O que no entanto parece flexibilidade do lado da procura vem a ser para todos aqueles jogados no lado da oferta um destino duro, cruel, inexpugnável: os empregos surgem e somem assim que aparecem, são fragmentados e eliminados sem aviso prévio, como as mudanças nas regras do jogo de contratação e demissão — e pouco podem fazer os empregados ou os que buscam emprego para parar essa gangorra. E assim, para satisfazer os padrões de flexibilidade estabelecidos para eles por aqueles que fazem e desfazem as regras — ser "flexíveis" aos olhos dos investidores —, as agruras dos "fornecedores de mão de obra" devem ser tão duras e *inflexíveis* quanto possível — com efeito, o contrário mesmo de "flexíveis": sua liberdade de escolha, de aceitar ou recusar, quanto mais de impor as suas regras do jogo, deve ser cortada até o osso.

A assimetria das condições manifesta-se nos graus respectivos de previsibilidade. O lado cuja gama de opções comportamentais é mais amplo introduz o elemento de incerteza na situação vivida pelo outro lado, o qual, enfrentando uma liberdade de opção muito menor ou nenhum opção em absoluto, não pode revidar. A dimensão *global* das opções dos investidores, quando comparada aos limites estritamente *locais* de opção do "fornecedor de mão de obra", garante essa assimetria, que por sua vez é subjacente à dominação dos primeiros sobre o segundo. A mobilidade e sua ausência indicam a nova polarização moderna avançada ou pós-moderna das condições sociais. O topo da nova hierarquia é extraterritorial; suas camadas inferiores são marcadas por graus variados de restrições espaciais e as da base são, para todos os efeitos práticos, *glebae adscripti*.

## Fábricas de imobilidade

Bourdieu assinala que o estado da Califórnia, celebrado por alguns sociólogos europeus como o próprio paraíso da liberdade, dedica à construção e manutenção das prisões um orçamento que ultrapassa de longe a soma total dos fundos estatais destinados a todas as instituições de ensino superior. A prisão é a forma última e mais radical de confinamento espacial. Também parece ser a maior preocupação e foco de atenção governamental da elite política na linha de frente da "compressão espaço-temporal" contemporânea.

O confinamento espacial, o encarceramento sob variados graus de severidade e rigor, tem sido em todas as épocas o método primordial de lidar com setores inassimiláveis e problemáticos da população, difíceis de controlar. Os escravos eram confinados às senzalas. Também eram isolados os leprosos, os loucos e os de etnia ou religião diversas das predominantes. Quando tinham permissão de andar fora das áreas a eles destinadas, eram obrigados a levar sinais do seu isolamento para que todos soubessem que pertenciam a outro espaço. A separação espacial que produz um confinamento forçado tem sido ao longo dos séculos uma forma quase visceral e instintiva de reagir a toda diferença e particularmente à diferença que não podia ser acomodada nem se desejava acomodar na rede habitual das relações sociais. O significado mais profundo da separação espacial era a proibição ou suspensão da comunicação e, portanto, a perpetuação forçada do isolamento.

O isolamento é a função essencial da separação espacial. O isolamento reduz, diminui e comprime a visão do outro: as qualidades e circunstâncias individuais que tendem a se tornar bem visíveis graças à experiência acumulada do relacionamento diário raramente são vistas quando o intercâmbio definha ou é proibido — a caracterização toma então o lugar da intimidade pessoal e as categorias legais que visam a subjugar a disparidade e permitir que seja desconsiderada tornam irrelevante a singularidade das pessoas e dos casos.

Como assinalou Nils Christie,[2] quando a intimidade pessoal prevalece na vida diária, a preocupação em compensar o dano causado supera o clamor de retribuição e punição do acusado. Por mais irados que possamos ficar com a pessoa responsável, não aplicaríamos no caso as categorias da lei penal (sequer pensaríamos no caso em termos das categorias endemicamente impessoais de crime e castigo a que se poderiam aplicar dispositivos legais) "porque sabemos demais ... Nessa totalidade de conhecimento uma categoria legal é estreita demais." Agora, no entanto, vivemos entre pessoas que não conhecemos e a maioria das quais provavelmente jamais conheceremos. Seria natural nos abstermos de recorrer à letra fria da lei se o ato que desencadeou a nossa raiva fosse visto pelo que realmente é, não como outros atos "da mesma categoria". "Mas esse não é necessariamente o caso com o garoto que acabou de se mudar para o outro lado da rua." Assim, diz Christie, não é inteiramente inesperada (mesmo que também não seja inevitável) a tendência de nossa sociedade moderna de dar "o significado de crime" aos atos que "cada vez mais são vistos como indesejados ou pelo menos dúbios" e de "cada vez mais punir esses crimes com a prisão".

Pode-se dizer que a tendência a subjugar a disparidade com a ajuda de categorias legalmente definidas e a consequente segregação espacial da diferença devem se tornar um *must*, o que certamente aumenta a exigência nesse sentido, pois, com o advento das condições modernas, a densidade física da população tende a aumentar consideravelmente mais que sua densidade moral, e aumenta muito além da capacidade de absorção da intimidade humana e o alcance da rede de relações pessoais. Mas é possível também reverter a conexão e concluir que a separação espacial que revigora esse jugo é ela mesma um importante recurso para prolongar e perpetuar esse mútuo isolamento no qual as operações de subjugação e também o impacto submissor da lei criminal se tornam um *must*. O outro — lançado numa condição de forçada estranheza, guardada e cultivada pelas fronteiras espaciais estritamente vigiadas, mantido a distância e impedido de ter um acesso comunicativo regular ou esporádico — é além disso mantido na categoria de estranho, efetivamente despojado da singularidade individual, pessoal, a única coisa que poderia impedir a estereotipagem e assim contrabalançar ou mitigar o impacto subjugador da lei — também da lei criminal.

Um isolamento total acena como ideal (até aqui) distante, que reduziria o outro a uma pura personificação da força punitiva da lei. Próximas desse ideal chegaram as "sofisticadas" prisões americanas do tipo da de Pelican Bay, na Califórnia, o estado que — para citar o vigoroso retrato de Nils Christie[3] — "favorece o desenvolvimento e a vida" e assim já planeja ter oito prisioneiros para cada mil habitantes na virada do século. A prisão de Pelican Bay, segundo uma entusiástica reportagem do *Los Angeles Times* de 1º de maio de 1990, é "inteiramente automatizada e planejada de modo que cada interno praticamente não tem qualquer contato direto com os guardas ou outros internos". A maior parte do tempo os internos ficam em "celas sem janelas, feitas de sólidos blocos de concreto e aço inoxidável ... Eles não trabalham em indústrias de prisão; não têm acesso a recreação; não se misturam com outros internos." Até os guardas "são trancados em guaritas de controle envidraçadas, comunicando-se com os prisioneiros através de um sistema de alto-falantes" e raramente ou nunca sendo vistos por eles. A única tarefa dos guardas é cuidar para que os prisioneiros fiquem trancados em suas celas — quer dizer, incomunicáveis, sem ver e sem ser vistos. Se não fosse pelo fato de que os prisioneiros ainda comem e defecam, as celas poderiam ser tidas como caixões.

À primeira vista, o projeto de Pelican Bay parece uma versão atualizada, super *high-tech* e sofisticada do Panóptico, a suprema encarnação do sonho de Bentham de controle total através da vigilância total. Um segundo olhar revela, no entanto, a superficialidade da primeira impressão.

O controle panóptico teve uma importante função: as instituições panópticas foram todas concebidas como *casas de correção*. O propósito ostensivo da correção era tirar os internos do caminho da perdição moral em que embarcaram por vontade própria ou para o qual foram empurrados sem culpa direta, desenvolver hábitos que por fim lhes permitiriam retornar ao convívio da "sociedade normal", interromper "a decadência moral", combater e extirpar a preguiça, a inépcia e o desrespeito ou indiferença pelas normas sociais, todas essas aflições que se combinavam para tornar os internos incapazes de uma "vida normal". Era a época da ética do trabalho — quando o trabalho, o trabalho duro e constante, era considerado ao mesmo tempo a receita de uma vida meritória, piedosa, e a regra básica da ordem social. Era também a época em que crescia sem parar o número de pequenos proprietários e artesãos incapazes de viver dentro do seu orçamento, enquanto as máquinas que os despojavam do seu meio de subsistência esperavam em vão por mãos dóceis e obedientes prontas a servi-las. E assim na prática a ideia de correição resumiu-se a colocar os internos para trabalhar — num trabalho útil e lucrativo. Na sua visão do Panóptico, Bentham generalizou a experiência de esforços difusos mas comuns para resolver os autênticos, cansativos e preocupantes problemas enfrentados pelos pioneiros do ritmo monótono, rotineiro e mecânico do trabalho industrial moderno.

Na época em que foi esboçado o projeto do Panóptico, a falta de disposição para o trabalho era em geral vista como o principal obstáculo para a ascensão social. Os primeiros empresários deploravam a falta de disposição dos possíveis operários para se submeter ao ritmo do trabalho fabril; nessas circunstâncias, "correição" significava superar essa resistência e tornar mais plausível a submissão.

Resumindo: fossem quais fossem seus outros propósitos imediatos, as casas panópticas de confinamento eram antes e acima de tudo *fábricas de trabalho disciplinado*. O mais comum era serem também soluções instantâneas para aquela tarefa suprema — colocavam os internos imediatamente para trabalhar e em especial nos tipos de trabalho menos desejados pelos "trabalhadores livres" e que era menos provável executarem por livre e espontânea vontade, por mais atraentes que fossem as recompensas prometidas. Fosse qual fosse o seu propósito declarado a longo prazo, as instituições panópticas eram francamente, na maioria, *casas de trabalho*.*

Os idealizadores e promotores da casa de correção inaugurada em Amsterdã no começo do século XVII visavam a produzir homens "saudáveis, moderados no comer, acostumados ao trabalho, com vontade de ter um bom emprego, capazes do próprio sustento e tementes a Deus". E fizeram uma longa lista de ocupações manuais para os possíveis internos desenvolverem essas qualidades — como as de sapateiro, fabricantes de carteiras de dinheiro, luvas e bolsas, guarnição para colares e capas, tecelagem de fustão e lã, roupa branca e tapeçaria, bordados, gravação em madeira, carpintaria, vidros, cestaria etc. Na prática, a atividade produtiva da casa logo se limitou, após umas tentativas indiferentes de seguir o programa original, à raspagem de pau-brasil, de início considerada apenas um castigo — trabalho particularmente duro e exaustivo que dificilmente encontraria quem o executasse não fosse o regime coercitivo da casa de correção.[4]

Desde o início foi e continua até hoje altamente discutível se as casas de correção, em qualquer das suas formas, preencheram alguma vez seu propósito declarado de "reabilitação" ou "reforma moral" dos internos, de "trazê-los novamente ao convívio social". A opinião corrente entre os pesquisadores é que, ao contrário das melhores intenções, as condições endêmicas inerentes às casas de confinamento supervigiadas trabalham *contra* a "reabilitação". Os preceitos sinceros da ética do trabalho não se enquadram no regime coercitivo das prisões, seja qual for o nome que lhes deem.

Apresentando uma opinião que é examinada e discutida minuciosamente com base em cuidadosa pesquisa, Thomas Mathiesen, o eminente sociólogo do direito, declara que "em toda a história a prisão jamais reabilitou pessoas na prática, jamais

---

\* A palavra *workhouse*, usada no sentido de "casa de correção" nos Estados Unidos e de "asilo de pobres" na Inglaterra, é aqui grifada pelo autor para enfatizar o aproveitamento dos internos no trabalho (*work*). (N.T.)

possibilitou sua 'reintegração'".[5] O que fizeram, ao contrário, foi "prisonizar" [*prisonize*] os internos (termo de Donald Clemmer)[6], isto é, encorajá-los a absorver e adotar hábitos e costumes típicos do ambiente penitenciário e apenas desse ambiente, portanto marcadamente distintos dos padrões comportamentais promovidos pelas normas culturais que governam o mundo fora dos seus muros; a "prisonização" é exatamente o oposto da "reabilitação" e o principal obstáculo no "caminho de volta à integração".

Mas ao contrário da época em que foi inaugurada a Casa de Correção de Amsterdã, com o aplauso das classes instruídas, a questão da "reabilitação" destaca-se hoje menos por seu contencioso do que por sua crescente irrelevância. Muitos criminologistas provavelmente continuarão ainda por algum tempo revolvendo as querelas tradicionais e jamais resolvidas da ideologia penal — mas de longe a diferença mais importante é precisamente o abandono de autênticas ou ambíguas "declarações de intenção reabilitadora" no pensamento contemporâneo dos que praticam o sistema penal.

Esforços para levar os internos de volta ao trabalho podem ou não ser efetivos, mas só fazem sentido se há trabalho para fazer, e seu estímulo vem do fato de que há trabalho urgente para fazer. A primeira condição dificilmente é encontrada hoje; a segunda, flagrantemente inexistente. Outrora ansioso em absorver quantidades de trabalho cada vez maiores, o capital hoje reage com nervosismo às notícias de que o desemprego está diminuindo; através dos plenipotenciários do mercado de ações, ele premia as empresas que demitem e reduzem os postos de trabalho. Nessas condições, o confinamento não é nem escola para o emprego nem um método alternativo compulsório de aumentar as fileiras da mão de obra produtiva quando falham os métodos "voluntários" comuns e preferidos para levar à órbita industrial aquelas categorias particularmente rebeldes e relutantes de "homens livres". Nas atuais circunstâncias, o confinamento é antes *uma alternativa ao emprego*, uma maneira de utilizar ou neutralizar uma parcela considerável da população que não é necessária à produção e para a qual não há trabalho "ao qual se reintegrar".

A pressão, hoje, é para *romper* os hábitos do trabalho regular, permanente, cronometrado, fixo — o que mais significaria o lema do "trabalho flexível"? A estratégia recomendada é fazer os trabalhadores *esquecerem*, não *aprenderem*, o que quer que pretendia ensinar-lhes a ética do trabalho nos dias dourados da indústria moderna. A mão de obra só pode tornar-se realmente "flexível" se os empregados, efetivos ou em perspectiva, perderem os hábitos adquiridos do trabalho cotidiano, dos turnos diários, de um local permanente de trabalho e de uma empresa com colegas fixos; só se não se habituarem a qualquer tipo de emprego e, sobretudo, se evitarem (ou forem impedidos de) desenvolver atitudes vocacionais em relação a qualquer trabalho realizado no momento e abandonarem a tendência mórbida de fantasiar direitos à manutenção do emprego e as responsabilidades inerentes.

No seu último encontro anual, realizado em setembro de 1997 em Hong Kong, os diretores do Fundo Monetário Internacional e do Banco Mundial criticaram severamente os métodos alemães e franceses para trazer mais gente de volta ao mercado de trabalho. Achavam que esses esforços iam contra a natureza "flexível" do mercado de trabalho". O que este requer, disseram, é a revogação de leis "favoráveis demais" à proteção do emprego e do salário, a eliminação de todas as "distorções" que se colocam no caminho da autêntica competição e a quebra da resistência da mão de obra a desistir de seus "privilégios" adquiridos[7] — isto é, de tudo que se relacione à estabilidade do emprego e à proteção do trabalho e sua remuneração. Em outras palavras, o que se faz necessário são novas condições que favoreceriam hábitos e atitudes diametralmente opostos àqueles que a ética do trabalho professava e que eram promovidos pelas instituições panópticas encarregadas de implementar essa ética. Os trabalhadores devem desaprender a dedicação ao trabalho duramente adquirida e o apego emocional duramente conquistado ao local de trabalho, assim como o envolvimento pessoal no conforto desse ambiente.

Nesse contexto, a ideia da prisão de Pelican Bay como continuação das primitivas casas industriais de correção cujas ambições, experiências e problemas não resolvidos se refletiam no projeto do Panóptico parece muito menos convincente. Nenhum trabalho produtivo é feito dentro dos muros de concreto da prisão de Pelican Bay. Também não se pretende um treinamento para o trabalho: não há nada no projeto da prisão que permita tal atividade. Com efeito, para os condenados, Pelican Bay não é escola de coisa alguma — sequer de uma disciplina meramente formal. Toda a questão do Panóptico, o propósito supremo da vigilância constante, era garantir que o interno realizasse certos movimentos, seguisse uma rotina, fizesse determinadas coisas. Mas o que os internos de Pelican Bay *fazem* em suas celas solitárias *não importa*. O que *importa* é que *fiquem ali*. A prisão de Pelican Bay não foi projetada como fábrica de disciplina ou do trabalho disciplinado. Foi planejada como *fábrica de exclusão* e de pessoas habituadas à sua condição de *excluídas*. A marca dos excluídos na era da compressão espaço-temporal é a *imobilidade*. O que a prisão de Pelican Bay leva quase à perfeição é a técnica da *imobilização*.

Se os campos de concentração serviram como laboratórios de uma sociedade totalitária nos quais foram explorados os limites da submissão e servidão e se as casas de correção panópticas serviram como laboratórios da sociedade industrial nos quais foram experimentados os limites da rotinização da ação humana, a prisão de Pelican Bay é um laboratório da sociedade "globalizada" (ou "planetária", nos termos de Alberto Melucci) no qual são testadas as técnicas de confinamento espacial do lixo e do refugo da globalização e explorados os seus limites.

### Prisões na idade da pós-correção

Além da função de reabilitação, Thomas Mathiesen examina escrupulosamente no seu livro *Prison on Trial* outras afirmações amplamente utilizadas para justificar o uso da prisão como método de resolver problemas agudos e nocivos: as teorias do papel preventivo das prisões (tanto no sentido universal como individual), de incapacitação e dissuasão, de simples retribuição; apenas para achá-las todas, sem exceção, logicamente falhas e empiricamente insustentáveis. Nenhuma evidência de espécie alguma foi encontrada até agora para apoiar e muito menos provar as suposições de que as prisões desempenham os papéis a elas atribuídos em teoria e de que alcançam qualquer sucesso se tentam desempenhá-los — enquanto a justiça das medidas mais específicas que essas teorias propõem ou implicam não passa nos testes mais simples de adequação e profundidade ética. (Por exemplo, "qual é a base moral para punir alguém, talvez severamente, para impedir que pessoas inteiramente diferentes cometam atos semelhantes?" A questão é tanto mais preocupante do ponto de vista ético pelo fato de que "aqueles que punimos são em larga medida pessoas pobres e extremamente estigmatizadas que precisam mais de assistência do que punição".)[8]

Cresce rapidamente em quase todos os países o número de pessoas na prisão ou que esperam prováveis sentenças de prisão. Em quase toda parte a rede de prisões está se ampliando intensamente. Os gastos orçamentários do Estado com as "forças da lei e da ordem", principalmente os efetivos policiais e os serviços penitenciários, crescem em todo o planeta. Mais importante, a proporção da população em conflito direto com a lei e sujeita à prisão cresce num ritmo que indica uma mudança mais que meramente quantitativa e sugere uma "significação muito ampliada da solução institucional como componente da política criminal" — e assinala, além disso, que muitos governos alimentam a pressuposição, que goza de amplo apoio na opinião pública, segundo a qual "há uma crescente necessidade de disciplinar importantes grupos e segmentos populacionais".[9]

O que sugere a acentuada aceleração da punição através do encarceramento, em outras palavras, é que há novos e amplos setores da população visados por uma razão ou outra como uma ameaça à ordem social e que sua expulsão forçada do intercâmbio social através da prisão é vista como um método eficiente de neutralizar a ameaça ou acalmar a ansiedade pública provocada por essa ameaça.

A proporção da população que cumpre sentenças de prisão é distinta em cada país, refletindo idiossincrasias de tradições culturais e histórias de pensamento e práticas penais, mas o rápido crescimento parece ser um fenômeno universal em toda a ponta "mais desenvolvida" do mundo. De acordo com os mais recentes dados meticulosamente coletados por Nils Christie, os Estados Unidos estão notoriamente à frente e bem distantes do resto (embora os seus recordes estejam sendo rapidamente alcançados pela nova Federação Russa): no total, mais de 2 por cento da população dos EUA estavam sob controle do sistema penal. O índice de crescimento é mais impressionante. Em 1979 havia 230 prisioneiros para cada grupo de 100.000 habitantes — em 1º de janeiro de 1997 já eram 649. (Em algumas áreas, é claro, a proporção é muito mais alta: no distrito de Anacostia, onde se concentra a maior parte da população pobre de Washington, metade dos residentes masculinos na faixa de idade entre 16 e 35 anos encontra-se atualmente aguardando julgamento, já na prisão ou com suspensão condicional da pena.)[10] Os EUA até aqui estão sozinhos à frente, mas a aceleração do ritmo é visível quase por toda parte. Mesmo na Noruega, conhecida por ser particularmente reticente em recorrer a sentenças de prisão, a proporção de prisioneiros subiu de menos de 40 por 100.000 habitantes no início da década de 1960 para 64 por 100.000 agora. Na Holanda a proporção subiu de 30 para 86 por 100.000 no mesmo período; na Inglaterra e Gales a proporção agora chegou a 114 prisioneiros por 100.000 habitantes e esses países "precisam de uma nova prisão a cada semana para abrigar o aumento que parece não ter fim".[11]

Uma vez que o crescimento não se limita a um grupo selecionado de países, mas é quase universal, seria provavelmente equivocado — senão completamente fútil — buscar a explicação nas políticas estatais ou nas ideologias e práticas desse ou daquele partido político (mesmo que fosse igualmente errado negar o impacto modificador que essas políticas podem exercer sobre a aceleração ou retardamento do crescimento). Além do mais, não há evidência de que a confiança na prisão como principal instrumento para resolver os problemas definidos como irritantes ou provocadores de ansiedade tenha em qualquer parte se transformado numa importante questão de disputa eleitoral; as forças em confronto, mesmo que um abismo as separe em questões polêmicas, tendem a manifestar um acordo completo sobre esta última — e a única preocupação publicamente exibida por cada uma é convencer o eleitorado de que será mais decidida e impiedosa em prender criminosos do que seus adversários políticos. Somos tentados a concluir, portanto, que as causas do crescimento acima abordado devem ser de natureza suprapartidária e extraestatal — com efeito, de caráter mais global que local (no sentido territorial ou cultural). Com toda probabilidade, essas causas estão relacionadas de forma mais do que contingente ao amplo quadro de transformações conhecidas pelo nome de globalização.

Uma causa evidente do aumento do número de prisioneiros é a espetacular promoção de questões classificadas na rubrica da "lei e da ordem" na panóplia de preocupações públicas, particularmente quando essas difusas preocupações se refletem nas interpretações doutas e autorizadas dos males sociais e nos programas políticos que prometem curá-los. Em *O mal-estar da pós-modernidade* (Zahar, 1998) argumento que, se Sigmund Freud estava certo ou errado ao sugerir que a troca de uma boa parcela de liberdade pessoal por uma certa medida de segurança coletivamente garantida era a principal causa das aflições e sofrimentos psíquicos no período "clássico" da civilização moderna, hoje, no estágio derradeiro ou pós-moderno da modernidade, é a tendência oposta, de trocar um bocado de segurança pela crescente remoção de restrições que tolhem o exercício da livre escolha, que gera os sentimentos amplamente difundidos de medo e ansiedade. São esses sentimentos que buscam descarregar-se (ou são canalizados) nas preocupações com a lei e a ordem.

Para compreender plenamente essa notável "transferência de ansiedade" é preciso reunir o que a linguagem separou com seu zelo por vezes excessivo de dividir e circunscrever. A unidade emoção/atitude subjacente às experiências supostamente distintas por serem linguisticamente separadas, experiências de segurança e garantia e certeza, é difícil de detectar para os anglófonos mas muito melhor apreendida pelos germanófonos graças à rara frugalidade da sua língua: a palavra alemã *Sicherheit* capta todas as três experiências (de segurança, garantia e certeza) e assim recusa aceitar sua mútua autonomia que os anglófonos são linguisticamente treinados a tomar por certa.

Se a *Freiheit* [liberdade] foi tornada vulnerável pela busca moderna inicial de segurança, garantia e certeza da ordem, a *Sicherheit* é a vítima fundamental do curso tomado pela liberdade individual no estágio final da modernidade. E uma vez que dificilmente seríamos capazes de distinguir os três tipos de mal-estar não fosse pelas três palavras que sugerem três objetos semânticos, não admira que a escassez de opções livres de riscos, isto é, *seguras*, e a crescente falta de clareza das regras do jogo que torna *incerta* a maioria dos movimentos e ainda mais as consequências dos movimentos sejam sentidas como ameaças à *segurança* — primeiro ao corpo e depois à propriedade, extensão espacial do corpo. Num mundo cada vez mais inseguro e incerto, a retirada para o porto seguro da territorialidade é uma intensa tentação; e assim a defesa do território — o "lar seguro" — torna-se a chave para todas as portas que se considere necessário fechar para afastar a tripla ameaça ao conforto espiritual e material.

Um bocado de tensão acumula-se em torno da busca de segurança. E onde há tensão os investidores espertos e os corretores competentes com certeza reconhecerão um capital político. Apelos a medos relacionados à segurança estão verdadeiramente acima das classes e partidos, como os próprios medos. É talvez uma feliz coincidência para os operadores políticos e os esperançosos que os autênticos problemas de segurança e incerteza se tenham condensado na angústia acerca da segurança; pode-se supor que os políticos estejam fazendo algo acerca dos primeiros exatamente por vociferarem sobre esta última. Uma feliz coincidência com efeito, uma vez que as preocupações são de fato intratáveis. Os governos não podem seriamente prometer nada exceto "flexibilidade de mão de obra" — isto é, em última análise, mais insegurança e cada vez mais penosa e incapacitante. Os governos sérios não podem também prometer certeza; é quase universalmente considerada uma conclusão definitiva que eles devem conceder liberdade a "forças de mercado" notoriamente erráticas e imprevisíveis, as quais, tendo conquistado a extraterritorialidade, estão muito além do alcance de qualquer coisa que os impotentes governos "locais" podem fazer. Fazer algo ou ser tido como fazendo é, no entanto, uma opção realista — uma opção com potencial eleitoral. A *Sicherheit* pouco ganhará com isso, mas as fileiras de eleitores incharão.

## Segurança: meio palpável, fim ilusório

Reduzir a complexa questão da *Sicherheit* à da segurança pessoal tem também outras vantagens políticas. O que quer que se possa fazer a respeito da segurança é incomparavelmente mais espetacular, visível, "televisível", que qualquer gesto voltado para as causas mais profundas do mal-estar mas — pela mesma razão — menos palpáveis e aparentemente mais abstratas. O combate ao crime, como o próprio crime e particularmente o crime contra os corpos e a propriedade privada, dá um excelente e excitante espetáculo, eminentemente assistível. Os produtores e redatores dos meios de comunicação de massa estão bem conscientes disso. Se julgarmos o estado da sociedade por suas representações dramatizadas (como faz a maioria das pessoas, quer estejam dispostas ou não a admiti-lo para os outros e para si mesmas), não apenas a proporção de criminosos em relação à "gente comum" pareceria exceder de longe a proporção da população já mantida na cadeia e não apenas o mundo como um todo pareceria dividir-se primordialmente em criminosos e guardiães da ordem, mas toda a vida humana pareceria navegar numa estreita garganta entre a ameaça de assalto físico e o combate aos possíveis assaltantes. O efeito geral é a autopropulsão do medo. A preocupação com a segurança pessoal, inflada e sobrecarregada de sentidos para além de sua capacidade em função dos tributários de insegurança e incerteza psicológica, eleva-se ainda acima de todos os outros medos articulados, lançando sombra ainda mais acentuada sobre todas as outras razões de ansiedade. Os governos podem sentir-se aliviados: ninguém ou quase ninguém pressionaria para que fizessem algo acerca de coisas que eles são frágeis demais para agarrar e controlar. Ninguém os acusaria também de indolência e de não fazer nada relevante pelas ansiedades humanas ao ver diariamente os documentários, dramas, *docudramas* e dramas cuidadosamente encenados sob o disfarce de documentários contando a história de novas e melhoradas armas da polícia, fechaduras *high-tech* de prisão, alarmes contra assalto e roubo de carros, tortura de criminosos com choques curtos e fortes e os corajosos agentes e detetives arriscando as vidas para que o restante das pessoas possa dormir em paz.

A construção de novas prisões, a redação de novos estatutos que multiplicam as infrações puníveis com prisão e o aumento das penas — todas essas medidas aumentam a popularidade dos governos, dando-lhes a imagem de severos, capazes, decididos e, acima de tudo, a de que "fazem algo" não apenas explicitamente pela segurança individual dos governados mas, por extensão, também pela garantia e certeza deles — e fazê-lo de uma forma altamente dramática, palpável, visível e tão convincente.

A espetaculosidade — versatilidade, severidade e disposição — das operações punitivas importa mais que sua eficácia, que de qualquer forma, dada a indiferença geral e a curta duração da memória pública, raramente é testada. Importa mais até que a quantidade efetiva de crimes detectados e reportados; embora ajude, claro, se de vez em quando um novo tipo de crime chame a atenção do público e se revele particularmente odioso e repulsivo, além de ubíquo, e se for lançada uma nova campanha de detecção e punição, uma vez que isso serve para ocupar a atenção do público com os perigos do crime e da criminalidade, impedindo que reflita por que, apesar de todo o policiamento que prometia trazer a cobiçada *Sicherheit*, as pessoas ainda se sentem inseguras, perdidas e amedrontadas como antes.

Há mais do que uma feliz coincidência entre a tendência a juntar os problemas da insegurança e incerteza endêmicas do estágio moderno final ou pós-moderno numa única e assoberbante preocupação com as garantias pessoais e as novas realidades políticas da nação-estado, particularmente a versão reduzida de soberania estatal na era da "globalização".

A atenção localizada sobre um "ambiente seguro" e tudo o que possa de fato ou supostamente implicar é exatamente o que as "forças do mercado", atualmente globais e portanto extraterritoriais, querem dos governos (com isso impedindo-os de fazer qualquer outra coisa). No mundo das finanças globais, os governos detêm pouco mais que o papel de distritos policiais superdimensionados; a quantidade e qualidade dos policiais em serviço, varrendo os mendigos, perturbadores e ladrões das ruas, e a firmeza dos muros das prisões assomam entre os principais fatores de "confiança dos investidores" e, portanto, entre os dados principais considerados quando são tomadas decisões de investir ou de retirar um investimento. Fazer o melhor policial possível é a melhor coisa (talvez a única) que o Estado possa fazer para atrair o capital nômade a investir no bem-estar dos seus súditos; e assim o caminho mais curto para a prosperidade econômica da nação e, supõe-se, para a sensação de "bem-estar" dos eleitores, é a da pública exibição de competência policial e destreza do Estado.

Os cuidados com o "Estado ordeiro", outrora uma tarefa complexa e intricada que refletia as variadas ambições e a ampla e multifacetada soberania do Estado, tendem a reduzir-se consequentemente à tarefa de combate ao crime. Nessa tarefa, porém, um papel cada vez maior, com efeito o papel central, é atribuído à política de confinamento. A essencialidade do combate ao crime não explica por si só o *boom* penitenciário; afinal, há também outras maneiras de combater as reais ou supostas ameaças à segurança pessoal dos cidadãos. Além disso, colocar mais gente na prisão e por mais tempo até aqui não se mostrou a melhor maneira. É de supor, portanto, que outros fatores levam à escolha da prisão como prova mais convincente de que de fato "algo foi feito", de que as palavras correspondem à ação. Colocar a prisão como estratégia crucial na luta pela segurança dos cidadãos significa atacar a questão numa linguagem contemporânea, usar uma linguagem que é prontamente compreendida e invocar uma experiência comumente conhecida.

A existência atual estende-se ao longo da hierarquia do global e do local, com a liberdade global de movimentos indicando promoção social, progresso e sucesso, e a imobilidade exalando o odor repugnante da derrota, da vida fracassada e do atraso. Cada vez mais, a globalidade e a localidade adquirem o caráter de valores opostos (e valores supremos por sinal), valores intensamente cobiçados ou invejados e situados no centro mesmo dos sonhos de vida, dos seus pesadelos e batalhas. As ambições da vida são comumente expressas em termos de mobilidade, da livre escolha de lugar, da viagem, de ver o mundo; os medos da vida, ao contrário, são expressos no confinamento, na falta de mudança, no impedimento de acesso a locais que os outros facilmente frequentam, exploram e desfrutam. A "boa vida" é a vida em movimento, mais precisamente o conforto de ter confiança na facilidade com que é possível mover-se caso ficar não mais satisfaça. Liberdade veio a significar acima de tudo liberdade de opção, e a opção adquiriu notoriamente uma dimensão espacial.

Na era da compressão espaço-temporal, tantas sensações maravilhosas e desconhecidas acenam ao longe que a casa, o "lar", embora sempre atraente, tende a ser desfrutado mais pela doceamara emoção da saudade. Na sua sólida materialidade de tijolo e cimento, a "casa" alimenta o ressentimento e a rebelião. Se fechada ao exterior, se sair é uma perspectiva distante ou inexistente, a casa se torna uma prisão. A imobilidade forçada, a condição de estar preso a um lugar, sem permissão de se mudar para parte alguma, parece abominável, cruel e repulsiva; é a proibição de movimento, mais do que a frustração de um efetivo desejo de mudar, que torna essa situação especialmente ofensiva. Estar proibido de mover-se é um símbolo poderosíssimo de impotência, de incapacidade e dor.

Não admira, portanto, que a ideia da sentença de prisão ser ao mesmo tempo o método mais eficiente de tirar o poder a pessoas potencialmente perigosas e uma dolorosíssima retribuição por malefícios "faça evidentemente sentido" e "seja absolutamente racional". A imobilização é o destino que as pessoas perseguidas pelo medo da própria imobilização desejam naturalmente e exigem para aqueles que elas temem e consideram merecedores de uma dura e cruel punição. Outras formas de dissuasão e retribuição parecem, comparativamente, de uma clemência lamentável, inadequada e ineficaz — isto é, indolor.

A prisão, porém, significa não apenas imobilização, mas também expulsão. O que aumenta a sua popularidade como meio favorito de "arrancar o mal pela raiz". A prisão significa uma prolongada e talvez permanente exclusão (com a pena de morte sendo o padrão ideal para medir a extensão de todas as sentenças). Esse significado toca também um ponto muito sensível. O lema é "tornar as ruas de novo seguras" — e o que melhor promete a realização disso que a remoção dos perigosos para espaços fora de alcance e de contato, espaços de onde não possam escapar?

A insegurança ambiente concentra-se no medo pela segurança pessoal; que por sua vez aguça ainda mais a figura ambígua e imprevisível do estranho. Estranho na rua, gatuno perto de casa... Alarmes contra assalto, bairros vigiados e patrulhados, condomínios fechados, tudo isso serve ao mesmo propósito: manter os estranhos afastados. A prisão é apenas a mais radical dentre muitas medidas — diferente do resto pelo suposto grau de eficiência, não por sua natureza. As pessoas que cresceram numa cultura de alarmes contra ladrões tendem a ser entusiastas naturais das sentenças de prisão e de condenações cada vez mais longas. Tudo combina muito bem e restaura a lógica ao caos da existência.

O fora de ordem

"Hoje sabemos", escreve Thomas Mathiesen, "que o sistema penal ataca a 'base' e não o 'topo' da sociedade."[12] A razão disso foi amplamente explicada por sociólogos do direito e da prática da punição. Várias causas têm sido discutidas com frequência.

A primeira delas é a das intenções um tanto seletivas dos legisladores, preocupados com a preservação de determinado tipo de ordem específico. As ações mais prováveis de serem cometidas por pessoas para as quais não há lugar na ordem, pelos pobres diabos tiranizados, têm a melhor chance de aparecer no código criminal. Roubar os recursos de nações inteiras é chamado de "promoção do livre comércio"; roubar famílias e comunidades inteiras de seu meio de subsistência é chamado "enxugamento" ou simplesmente "racionalização". Nenhum desses feitos jamais foi incluído entre os atos criminosos passíveis de punição.

Além do mais, como terá descoberto toda unidade policial dedicada a "crimes graves", atos ilegais cometidos no "topo" da escala social são extremamente difíceis de desvendar na densa rede de transações empresariais diárias. Quanto se trata de atividade que abertamente busca o ganho pessoal à custa dos outros, a linha que separa os movimentos permitidos dos proibidos é necessariamente imprecisa e sempre contenciosa, em nada comparável à inequívoca clareza ilegal do ato de forçar uma fechadura. Não admira, como diz Mathiesen, que as prisões "estejam cheias sobretudo de pessoas das camadas inferiores da classe operária que praticaram roubos e outros crimes 'tradicionais'". Mal definidos, os crimes "do topo da escala" são além disso terrivelmente difíceis de detectar. São perpetrados em um círculo íntimo de pessoas unidas pela cumplicidade mútua, a lealdade à organização e o *esprit de corps*, pessoas que geralmente tomam medidas eficazes para detectar, silenciar ou eliminar os que dão com a língua nos dentes. Eles exigem um nível de sofisticação legal e financeiro praticamente impossível de ser penetrado por quem está de fora, particularmente gente leiga ou não educada. E esses crimes não têm "corpo", nenhuma substância física; "existem" no espaço etéreo, imaginário, da pura abstração: são literalmente *invisíveis* — é preciso uma imaginação comparável à dos que os perpetram para divisar uma substância na forma ilusória. Levado pela intuição e o senso comum, o público pode bem suspeitar que algum roubo está na origem das fortunas, mas apontá-lo continua sendo uma tarefa claramente atemorizante.

Só em casos raros e extremos os "crimes empresariais" são levados aos tribunais e aos olhos do público. Fraudadores do fisco e autores de desfalques têm uma oportunidade infinitamente maior de acordo fora dos tribunais do que os batedores de carteira ou assaltantes. À parte tudo o mais, os agentes da ordem local têm absoluta consciência da superioridade dos poderes globais e, portanto, consideram um sucesso chegar a esse nível.

Além disso, no que diz respeito aos crimes "do colarinho branco", a vigilância do público é na melhor das hipóteses errática e esporádica; na pior, simplesmente inexistente. É preciso uma fraude realmente espetacular, uma fraude com um "toque humano", cujas vítimas — pensionistas ou pequenos poupadores — possam ser pessoalmente nomeadas (e mesmo aí é preciso, além disso, todo o talento imaginativo e persuasivo de um pequeno exército de jornalistas da imprensa popular) para despertar e conservar a atenção do público por mais de um ou dois dias. O que se passa durante os julgamentos de fraudadores de alto nível desafia as capacidades intelectuais do leitor comum de jornais e, ademais, é abominavelmente carente do drama que faz dos julgamentos de simples ladrões e assassinos um espetáculo tão fascinante.

O mais importante, porém, é que o crime "do colarinho branco" (geralmente cometido num "topo" extraterritorial) pode em última análise ser uma das causas principais ou secundárias da insegurança existencial e, assim, diretamente relevante para essa aborrecida ansiedade que persegue os cidadãos da sociedade no estágio final da modernidade e os torna tão obcecados com a segurança pessoal — mas de forma alguma pode ser concebido em si mesmo como uma ameaça a essa segurança. Qualquer perigo que possa se supor ou considerar no crime "do colarinho branco" é de uma ordem totalmente diversa. Seria extremamente difícil ver como levar os acusados à justiça possa aliviar os sofrimentos atribuídos aos perigos mais tangíveis que se esgueiram nos bairros pobres e ruas sórdidas da cidade. Não há, portanto, muito capital político a extrair do fato de "ser visto como que fazendo algo" contra o crime "do colarinho branco". E há pouca pressão política sobre os legisladores e guardiães da ordem para abrir suas mentes e flexionar seus músculos de modo a tornar mais efetivo o combate a esse tipo de crime; nenhuma comparação portanto com o clamor público contra os ladrões de carros, assaltantes e violentadores, ou contra os responsáveis pela lei e a ordem considerados muito frouxos ou condescendentes por não os colocarem no lugar onde deveriam estar, a prisão.

Por fim, mas não menos importante, há essa tremenda vantagem de que desfruta a nova elite global ao enfrentar os guardiães da ordem: as ordens são locais, ao passo que a elite e as leis do livre mercado a que obedece são translocais. Se os guardiães de uma ordem local tornam-se intrometidos e infames demais, há sempre a possibilidade de apelar às leis globais para mudar os conceitos locais de ordem e as regras locais do jogo. E, claro, há a possibilidade de se mudar se as coisas em nível local ficam quentes demais e incômodas; a "globalidade" da elite significa mobilidade e mobilidade significa a capacidade de escapar, de fugir. Há sempre lugares onde os guardiães locais da ordem ficam felizes em olhar para o outro lado no caso de haver algum conflito.

Todos esses fatores considerados em conjunto convergem para um efeito comum: a identificação do crime com os "desclassificados" (sempre locais) ou, o que vem dar praticamente no mesmo, a criminalização da pobreza. Os tipos mais comuns de criminosos na visão do público vêm quase sem exceção da "base" da sociedade. Os guetos urbanos e as zonas proibidas são considerados áreas produtoras de crime e criminosos. E, ao contrário, as fontes de criminalidade (daquela criminalidade que realmente conta, vista como ameaça à segurança pessoal) parecem ser inequivocamente locais e localizadas.

Donald Clemmer cunhou em 1940 o termo "prisonização" para denotar os verdadeiros efeitos do confinamento, marcadamente diferentes do impacto "reeducador" e "reabilitador" atribuído à prisão por seus teóricos e promotores. Clemmer encontrou internos sendo assimilados a uma "cultura de prisão" altamente idiossincrática, que, quando nada, fazia deles ainda menos adaptados do que antes para a vida fora dos muros da prisão e menos capazes de seguir as regras e costumes da vida "comum". Como todas as culturas, a cultura da prisão tinha uma capacidade autoperpetuadora. A prisão era, na opinião de Clemmer, uma escola do crime.

Quatorze anos depois, Lloyd W. McCorkle e Richard R. Korn publicaram outro conjunto de descobertas,[13] que punham em relevo o mecanimo que fazia das prisões essas escolas do crime. Todo o processo policial/judicial que culmina na prisão é, em certo sentido, um longo ritual rigidamente estruturado de rejeição simbólica e exclusão física. A rejeição e a exclusão são humilhantes e pretendem isso; visam a fazer o rejeitado/excluído aceitar sua imperfeição e inferioridade social. Não admira que as vítimas ergam uma defesa. Em vez de aceitarem docilmente a sua rejeição e converter a rejeição oficial em autorrejeição, elas preferem rejeitar os que as rejeitam. Para isso, o rejeitado/excluído recorre aos únicos meios à sua disposição, todos contendo alguma dose de violência; é o único recurso que pode aumentar seu "poder de prejudicar", único poder que podem opor ao poder esmagador dos que os rejeitam e excluem. A estratégia de "rejeitar os que rejeitam" logo afunda no estereótipo do rejeitado, acrescentando à imagem do crime a inerente propensão do criminoso à reincidência. No final, as prisões surgem como o principal instrumento de uma profecia que cumpre a si mesma.

Isto não quer dizer que não haja outras causas de crime nem verdadeiros criminosos; significa, porém, que a rejeição/exclusão praticada através do sistema penal é parte integrante da produção social do crime e que sua influência não pode ser claramente separada das estatísticas gerais de incidência criminal. Também significa que outrora as prisões foram identificadas como vertedouros sobretudo para elementos de classe baixa ou "desclassificados" — naturalmente se espera que nas camadas "inferiores" da sociedade sejam mais acentuados os efeitos autoperpetuantes e confirmadores e assim "mais evidente" a criminalidade.

Clemmer e McCorkle & Korn conduziram sua pesquisa entre os internos de prisões e formularam suas descobertas em termos dos efeitos do aprisionamento. Pode-se supor, porém, que o que procuraram e encontraram não foram tanto os efeitos da prisão enquanto tal, mas dos fenômenos muito mais amplos do *confinamento*, da *rejeição* e da *exclusão*. Em outras palavras, foi o fato de que as prisões serviam de laboratórios nos quais tendências onipresentes na vida "normal" (embora de forma um tanto diluída) podiam ser observadas na sua forma mais condensada e purificada (o estudo fundamental de Dick Hebdidge, *Hiding in the Light*, corrobora essa opinião). Se isso fosse correto, então o efeito de "prisonização" e a opção bastante disseminada da estratégia de "rejeitar os que rejeitam", com toda a sua capacidade autopropulsora, avançariam bastante no sentido de romper a misteriosa lógica da atual obsessão pela lei e a ordem; também explicariam o aparente sucesso do estratagema de substituir essa obsessão por uma séria tentativa de enfrentar o desafio da crescente insegurança existencial. Podem também ajudar a compreender por que a exclusão das liberdades globais tende a redundar no fortalecimento das localidades. A rejeição leva a um esforço de circunscrever as localidades pelo padrão dos campos de concentração. A rejeição dos que rejeitam leva ao esforço de transformar a localidade numa fortaleza. Os dois esforços reforçam os efeitos mútuos e garantem entre si que a fragmentação e o isolamento "na base" continuam sendo os irmãos gêmeos da globalização "no topo".

# Notas

## 1. TEMPO E CLASSE

1. Ver Albert J. Dunlap (com Bob Andelman), *How I Saved Bad Companies and Made Good Companies Great* (Nova York, Time Books, 1996), p.199-200.
2. Denis Duclos, "La cosmocratie, nouvelle classe planétaire", *Le Monde Diplomatique*, agosto de 1997, p.14.
3. Alberto Melucci, *The Playing Self: Person and Meaning in the Planetary Society* (Cambridge University Press, 1966), p.129.
4. Ver Paul Virilio, "Un monde superexposé: fin de l'histoire, ou fin de la géographie?", *Le Monde Diplomatique*, agosto de 1997, p.17. A ideia do "fim da geografia" foi formulada pela primeira vez, que eu saiba, por Richard O'Brien (ver sua obra *Global Financial Integration: The End of Geography*, Londres, Chatham House/Pinter, 1992).
5. Michael Benedikt, "On cyberspace and virtual reality", em *Man and Information Technology* (conferências do simpósio internacional organizado em 1994 pela Comissão sobre o Homem, a Tecnologia e a Sociedade na Real Academia Sueca de Ciências da Engenharia — IVA), Estocolmo, 1995, p.41.
6. Timothy W. Luke, "Identity, meaning and globalization: Detraditionalization in postmodern space-time compression", em *Detraditionalization*, org. Paul Heelas, Scott Lash e Paul Morris (Oxford, Blackwell, 1996), p.123, 125.
7. Paul Virilio, *The Lost Dimension* (Nova York, Semiotext, 1991), p.13.
8. Margaret Wertheim, "The pearly gates of cyberspace", em *Architecture of Fear*, org. Nan Elin (Nova York, Princeton Architectural Press, 1997), p.296.
9. Ver Steven Flusty, "Building paranoia", em *Architecture of Fear*, org. Nan Elin, p.48-9, 51-2.
10. Ver Dick Hebdidge, *Hiding in the Light* (Londres, Routledge, 1988), p.18.
11. Gregory Bateson, *Steps to an Ecology of Mind* (Frogmore, Paladin, 1973), p.41-2.
12. Nils Christie, "Civility and State" (manuscrito inédito).

## 2. GUERRAS ESPACIAIS: INFORME DE CARREIRA

1. Ver Edmund Leach, "Anthropological aspects of language: animal categories and verbal abuse", em *New Directions in the Study of Language*, org. Eric H. Lenneberg (University of Chicago Press, 1964).
2. Bronislaw Baczko, *Utopian Lights: The Evolution of the Idea of Social Progress*, trad. Judith L. Greenberg (Nova York, Paragon House, 1989), p.219-35.
3. *Histoire des Sévarambes*, de D, Veirasse, foi leitura tão popular no Século das Luzes, segundo Baczko, que por um momento Rousseau e Leibniz a citaram sem indicar a fonte, obviamente supondo-a familiar entre seus leitores.
4. Ver Jürgen Habermas, *The Philosophical Discourse of Modernity* (Cambridge, Mass., MIT Press, 1987), p.323.
5. O conteúdo de *La ville radieuse* foi submetido a análise bem incisiva e inventiva de um sociólogo político de Yale, Jim Scott; o comentário que segue deve bastante a suas acuradas percepções.
6. Richard Sennett, *Uses of Disorder: Personal Identity and City Life* (Londres, Faber & Faber, 1996), esp. p.39-43, 101-9, 194-5.
7. Nan Elin, "Shelter from the storm, or form follows fear and vice versa", em *Architecture of Fear*, org. Nan Elin (Nova York, Princeton Architectural Press, 1997), p.13, 26. A coleção de ensaios *Architecture of Fear* foi inspirada na experiência de Nan Elin durante sua pesquisa de campo realizada na "nova cidade" francesa meticulosamente planejada de Jouy-le-Moutier. Elin ficou espantado de ver que "o tema do medo [*l'insécurité*] era levantado apesar do minúsculo índice de criminalidade da região" (p.7).
8. Mark Poster, "Database as discourse, or electronic interpellations", em *Detraditionalization*, org. Paul Heelas, Scott Lash e Paul Morris (Oxford, Blackwell, 1996), p.291, 284.
9. Ver Thomas Mathiesen, "The viewer society: Michel Foucault's 'Panopticon' revisited", *Theoretical Criminology* (1997), p.215-34.
10. Geroge Gerbner e Larry Gross, "Living with television: the violence profile", em *Journal of Communication*, 26 (1976), p.173-98. Citado por Mathiesen.

## 3. DEPOIS DA NAÇÃO-ESTADO, O QUÊ?

1. Richard Sennet, "Something in the city: the spectre of uselessness and the search for a place in the world", *Times Literary Supplement*, 22 de setembro de 1995, p.13.
2. Martin Woollacott, "Bosses must learn to behave better again", *The Guardian*, 14 de junho de 1997.

3. Vincent Cable, *The World's New Fissures: Identities in Crisis* (Londres, Demos, 1996), p.20, 22.
4. Alberto Melucci, *Challenging Codes: Collective Action in the Information Age* (Cambridge University Press, 1966), p.150.
5. Georg Henrik von Wright, "The crisis of social science and the withering away of the nation state", *Associations*, 1 (1997), p.49-52.
6. Cornelius Castoriadis, "Pouvoir, politique, autonomie", em *Le monde morcelé* (Paris, Seuil, 1990), p.124.
7. Como era de esperar, são as "minorias étnicas" ou, mais genericamente, pequenos e fracos grupos étnicos, incapazes de governar um Estado de forma independente de acordo com os padrões da era do "mundo dos Estados", que são em geral os mais inequivocamente entusiastas do poder de reunião das formações supraestatais. Daí a incongruência das reivindicações à condição estatal defendida em termos de fidelidade às instituições cuja missão declarada e, ainda mais, a missão suspeitada é a de limitar essa condição e no final anulá-la completamente.
8. Ver Eric Hobsbawm, "Some reflections on the 'break-up of Britain'", *New Left Review*, 105 (1977). Preste-se atenção na data dessa publicação: desde 1977 o processo intuído por Hobsbawm ganhou velocidade e suas palavras tornam-se rapidamente realidade.
9. Ver Cornelius Castoriadis, "La crise des sociétés occidentales", em *La montée de l'insignificance* (Paris, Seuil, 1996), p.14-15.
10. Ver "Sept pièces du puzzle néolibéral: la quatrième guerre mondiale a commencé", *Le Monde Diplomatique*, agosto 1997, p.4-5. O artigo é assinado pelo "Subcomandante Marcos" e é proveniente do território de rebelião rural em Chiapas, México.
11. Ver René Passet, "Ces promesses des technologies de l'immatériel", *Le Monde Diplomatique*, julho de 1997, p.26.
12. Ver Jean-Paul Fitoussi, "Europe: le commencement d'une aventure", *Le Monde*, 29 de agosto de 1997.
13. Ver Claus Offe, *Modernity and the State: East, West* (Cambridge, Polity Press, 1996), p.vii, ix, 37.
14. Ver Victor Keegan, "Highway robbery by the super-rich", *The Guardian*, 22 de julho de 1996.
15. Citado por Graham Balls e Milly Jenkins, "To much for them, not enough for us", *Independent on Sunday*, 21 de julho de 1996.
16. Ver Ryszard Kapuscinski, *Lapidarium III* (Varsóvia, 1996).

## 4. TURISTAS E VAGABUNDOS

1. Michael Benedikt, "On cyberspace and virtual reality", *Man and Information Technology* (Estocolmo, IVA, 1995), p.42.

2. Ricardo Petrella, "Une machine infernale", *Le Monde Diplomatique*, junho de 1997, p.17.

3. Jeremy Seabrook, *The Race for Riches: The Human Cost of Wealth* (Basingstoke, Marshall Pickering, 1988), p.15, 19.

4. Max Weber, *The Protestant Ethic and the Spirit of Capitalism*, trad. Talcott Parsons (Londres, George Allen & Unwin, 1976), p.181.

5. Mark C. Taylor e Esa Saarinen, *Imagologies: Media Philosophy* (Londres, Routledge, s.d.), Telerotics 11.

6. Agnes Heller, "Where are we at home?", *Thesis Eleven*, 41 (1995).

7. Jeremy Seabrook, *Landscapes of Poverty* (Oxford, Blackwell, 1985), p.59.

8. Lembremos que salvar a parte afluente da Europa da enxurrada de refugiados de guerra era, como admitiu o então secretário de Estado norte-americano, o argumento decisivo a favor do envolvimento dos EUA na guerra da Bósnia.

9. Ver Seabrook, *The Race for Riches*, p.163, 168-9.

10. Esta e outras citações de Jonathan Friedman são tiradas de "Global crisis, the struggle for cultural identity and intellectual porkbarrelling: cosmopolitans versus locals, ethnics and nationals in na era of de-hegemonisation", em *Debating Cultural Hybridity*, org. Pnina Werbner e Tariq Modood (Londres, Zed Books, 1997), p.70-89.

11. Ver Pierre Bourdieu, "L'Architecture de l'euro passa aux aveux", *Le Monde Diplomatique*, setembro de 1997, p.19.

12. Wojciech J. Burszta, *Czytanie kultury* (Lódz, 1996), p.74-5.

## 5. LEI GLOBAL, ORDENS LOCAIS

1. Ver Pierre Bourdieu, "L'architecte de l'euro passe aux aveux", *Le Monde Diplomatique*, setembro de 1997, p.19.

2. Nils Christie, "Civility and State" (manuscrito inédito).

3. Nils Christie, *Crime Control as Industry: towards Gulag, Western Style?* (Londres, Routledge, 1993), p.86-7. Na segunda edição, o ponto de interrogação foi retirado do fim do título.

4. Ver Thorsten Sellin, *Pioneering in Penology: the Amsterdam Houses of Correction in the Sixteenth and Seventeenth Centuries* (University of Philadelphia Press, 1944), p.27-9, 58-9.

5. Thomas Mathiesen, *Prison on Trial: a Critical Assessment* (Londres, Sage, 1990), p.40.

6. Ver Donald Clemmer, *The Prison Community* (Nova York, Holt, Reinhart & Winston, 1940).

7. Ver a reportagem de Serge Marti sobre a reunião de Hong Kong, "Le FMI critique les méthodes anti-chômage de Bonn et Paris", *Le Monde*, 19 de setembro de 1997.

8. Mathiesen, *Prison on Trial*, p.70.
9. Mathiesen, *Prison on Trial*, p.13.
10. Ver Laurent Zucchini, "Ségrégation ordinaire à Washington", *Le Monde*, 25 de setembro de 1997.
11. Ver Nils Christie, "Penal Geography" (manuscrito inédito).
12. Ver Mathiesen, *Prison on Trial*, p.70-2.
13. Ver Lloyd W. McCorkle e Richard R. Korn, "Resocialization within walls", *Annals of the American Academy of Political and Social Science*, 1954, p.88-98.

# Índice remissivo

Abrams, Charles 54
Alberti, Leone Batista 39
Aubrey, F.-L. 46
Baczko, Bronislaw 46-8
Balandier, Georges 89
banco de dados 58-9
Bateson, Gregory 31
Baudrillard, Jean 98
Beck, Ulrich 89
Benedikt, Michael 23, 86
Bentham, Jeremy 57, 117
Blanchot, Maurice 91
Bourdieu, Pierre 109, 111, 113-4
Brunelleschi, Filippo 39

Cable, Vincent 64
Carroll, John 91
Castoriadis, Cornelius 11, 29, 70, 74
celebridade 62
Christie, Nils 33-4, 115-6, 124
ciberespaço 25-8, 57-60
Clemmer, Donald 120, 135-6
Clinton, Bill 21
compressão espaço-temporal 7-9, 20-4, 47-8, 63, 82, 96-7, 110, 114, 130
comunitarismo 8-9
consumismo 87-94, 102-4
Coyle, Diane 98

crime empresarial 131-4
criminalização da pobreza 10, 106, 116, 134
Crozier, Michel 40, 77

desordem (mundial) 65-7, 76
diferenciação complementar 31
diferenciação simétrica 30
distância 19-22, 25, 31-2, 34-5, 38-9, 60, 87
Duclos, Denis 13
Dunlap, Albert J. 13-7
Durkheim, Émile 35-97

Elin, Nan 55
Elliott, Larry 98
espaço público 28-33
espaços proibidos 27-8
Estado moderno 10, 65, 68-76, 111, 128-9
estranho 130-1
estratificação 8, 16, 78, 94-7
ética do trabalho 117-20
evitamento de compromisso 57, 61, 134-5
exclusão 121, 130, 134-5
extraterritorialidade 11, 16, 25-33, 60, 75, 98-9, 109

fim da geografia 19

Fitoussi, Jean-Paul 74-5
Flusty, Steven 27-8
fluxo de informação 21-6, 79
fluxo de poder 26, 64, 74-5, 82, 101-2
Foucault, Michel 41, 56, 59
fragmentação política 75-7, 135-6
Freud, Sigmund 124
Fried, Marc 53
Friedman, Jonathan 107-8, 110
Fukuyama, Francis 19
fundamentalismo 11

Gans, Herbert 53
Gellner, Ernest 36
Giddens, Anthony 68, 88
global x local 11, 59, 61-2, 84, 97-8, 107-10, 113, 129, 133-4
globalização x universalização 66-8, 110
guerras de espaço 15, 29-30, 36, 38, 41, 45

Habermas, Jürgen 47
Harvey, David 63
Hebdidge, Dick 135
Heller, Agnes 98-100
hibridização cultural 9, 109, 118
Hobsbawm, Eric 72
Hugo, Victor 82
Husserl, Edmund 39

imobilização 121, 129-31
incerteza 11, 20, 41, 77, 106-7, 113, 125-9
indiferença ética 83-4
insegurança 11, 27-9, 55, 125-9
integração supraestatal 71-2, 75-6
isolamento 114-5, 135

Jacobs, Jane 53
Jowitt, Kenneth 65

Kapusinski, Ryszard 80-2

Kavanagh, John 79
Keegan, Victor 78
Keynes, John Maynard 73
Korn, Richard R. 134-5
Kula, Witold 34

Lazarsfeld, Paul 31
Le Corbusier, Charles 48-52
Leach, Edmund 35
lei e a ordem, a 29-30, 54-5, 106, 111, 122-3, 133-6
Lévi-Strauss, Claude 35
liberdade 8, 15, 18, 25, 77-80, 129-30
Lindblom, Charles 37
localidade 8, 15-6, 22, 25-8, 31-2, 33, 60, 83, 136
Luke, Timothy W. 23

Marti, Serge 140 n.7
Marx, Karl 44
Mathiesen, Thomas 59, 118, 121, 131-2
Mauss, Marcel 35
McCorkle, Lloyd W. 134-5
medo 55-6, 124-5, 129
Melucci, Alberto 17-8, 64, 121
mobilidade 8-10, 16-8
modernização do espaço 37-9, 42, 47-8, 53, 56-7
Morelly 43

Niemeyer, Oscar 51, 52
Nietzsche, Friedrich 90
novos pobres 19-23, 105-6, 109

O'Brien, Richard 137 n.4
Offe, Claus 76
Orwell, George 56

Passat, René 74, 82
Petrella, Ricardo 86
planejamento urbano 12, 43-6, 50-2, 54-5

# Índice remissivo 145

poder panóptico 10, 41-2, 56-61, 116-8, 121
polarização social 10-11, 56, 101-2, 113
pós-modernismo 109-10
Poster, Mark 57-8
"prisonização" 119
proprietário ausente 11, 16, 18

reabilitação de criminosos 119-21
Reich, Robert 98
Robertson, Roland 78

Saarinen, Esa 91
Schumpeter, Joseph 21
Seabrook, Jeremy 87, 99-100, 103-4
sedução 91-3
segregação 59, 114
segurança 11, 27, 125-9
Sennett, Richard 53, 54
Sinóptico 60-1

Taylor, Mark C. 91
Thatcher, Margaret 14

Thurow, Lester 98
Tietmeyer, Hans 111
Tönnies, Ferdinand 21
trabalho, flexibilidade do 112-3, 120-1, 126
utopias urbanas 44-7

velocidade e estrutura social 19-24, 31-2, 63, 78-9, 92-3
Virilio, Paul 19-24

Wacquant, Loïc 111
Web, rede mundial de computadores 60-1, 85
Weber, Max 69, 89
Wertheim, Margaret 26
Wittgenstein, Ludwig 95
Woollacott, Martin 63
Wright, G.H. von 64-5, 68

Zamiatin, Evgueny 56
Zucchini, Laurent 141 n.10

ESTA OBRA FOI COMPOSTA POR TOP TEXTOS EDIÇÕES GRÁFICAS EM TIMES NEW
ROMAN E FUTURA E IMPRESSA EM OFSETE PELA GRÁFICA PAYM SOBRE PAPEL
PÓLEN SOFT DA SUZANO S.A. PARA A EDITORA SCHWARCZ EM MAIO DE 2021

A marca FSC® é a garantia de que a madeira utilizada na fabricação do papel deste livro provém de florestas que foram gerenciadas de maneira ambientalmente correta, socialmente justa e economicamente viável, além de outras fontes de origem controlada.